**Marleen Dettmann, Ronja Bense**

# Der Wegweiser zum wissenschaftlichen Arbeiten

## Für Studium, Fernstudium und Praxis

University of Applied Sciences
APOLLON
University Press

2. Auflage 2019



Projektmanagement und Lektorat: Ronja Bense, Dr. Petra Becker
Umschlaggestaltung, Layout und Satz: Ilka Lange, Hückelhoven
Korrektorat: Ruven Karr, Saarbrücken
Printed in Germany

Bibliografische Information der Deutschen Nationalbibliothek
Die Deutsche Nationalbibliothek verzeichnet diese Publikation in der Deutschen Nationalbibliografie. Detaillierte bibliografische Daten sind abrufbar unter: htpp://dnb.d-nb.de

Werden Personenbezeichnungen aus Gründen der besseren Lesbarkeit nur in der männlichen oder weiblichen Form verwendet, so schließt dies das jeweils andere Geschlecht mit ein.

Die Position der Kapitelzusammenfassungen und der Aufgaben zur Selbstüberprüfung richten sich nach der Länge des jeweiligen Kapitels. Bei vergleichsweise kurzen Unterkapiteln wird daher auf beide Elemente verzichtet.

ISBN: 978-3-943001-48-8

**http://www.apollon-hochschulverlag.de**

**Marleen Dettmann, Ronja Bense**

# Der Wegweiser zum wissenschaftlichen Arbeiten

## Für Studium, Fernstudium und Praxis

unter Mitarbeit von Leoni Schilling

METHODENBUCH

# Inhalt

# Einleitung

Mit diesem Methodenbuch wollen wir Sie „fit machen“, fit für die Aufgaben, die in Ihrem Studium auf Sie zukommen und Sie begleiten werden, wenn Sie eine wissenschaftliche Karriere anstreben. Nach dem Training mit dem *Wegweiser zum wissenschaftlichen Arbeiten* werden Sie Methoden beherrschen, die Ihnen diese Aufgaben wesentlich erleichtern. Training heißt wiederholtes Üben: Sie sollen also nicht nur Informationen zum wissenschaftlichen Arbeiten aufnehmen, sondern selbst aktiv werden. Darüber hinaus wird Sie das Buch im gesamten Studium und ggf. auch darüber hinaus begleiten. Nutzen Sie es als eine Art Nachschlagewerk oder Orientierungshilfe für alle Fragen rund um das Basiswerkzeug des wissenschaftlichen Arbeitens, d. h. zur Zitation, Quellenrecherche etc.

Dieser Wegweiser führt Sie zunächst in die Grundlagen des wissenschaftlichen Arbeitens bzgl. **Wissenschaftlichkeit** und **Textarbeit: Recherche, Lesen, Aufbereiten** ein, um Sie gleich zu Beginn Ihres Studiums zu befähigen und zu ermuntern, mit fachlichen Inhalten, Methoden, Fragen und Problemen umzugehen und so das wissenschaftliche Arbeiten, aber auch praktisches Handeln zu schulen.

Sie werden sich in Ihrem Studium aktiv mit Texten auseinandersetzen und eigene Schreibaufgaben in unterschiedlicher Form lösen. Sie werden einige wissenschaftliche Arbeiten wie Hausarbeiten und natürlich Ihre Abschlussarbeit bis zum Ende Ihres Studiums angefertigt haben. Diese schriftlichen Arbeiten stellen Sie vor unterschiedliche Anforderungen im Hinblick auf die Bearbeitungsweise, den Umfang und den Inhalt. So bringt es zahlreiche Vorteile mit sich, wenn Sie sich von Studienbeginn an die Grundlagen und Charakteristika des wissenschaftlichen Arbeitens aneignen. Dann können Sie spätestens bei Ihrer Abschlussarbeit die Formalitäten und Techniken (wie **Zitation** und **Schreibstil**) professionell umsetzen. Mit diesem Buch bieten wir Ihnen Orientierung für die einzelnen Arbeitsschritte zur Erstellung Ihrer eigenen wissenschaftlichen Arbeit, von der **Themenfindung** über **Forschungsmethoden** und **Aufbau** bis hin zum **Exposé**, dem ersten Meilenstein wissenschaftlicher Arbeiten.

*Der Wegweiser zum wissenschaftlichen Arbeiten* strebt dabei die folgenden Lernziele an:

- Sie können die wesentlichen Qualitätskriterien einer wissenschaftlichen Arbeit benennen und lernen, wissenschaftliches Fehlverhalten zu erkennen und zu vermeiden.
- Sie lernen Lesetechniken kennen, mit denen Sie zielgerichteter und damit effektiver lesen können.
- Sie wissen, wie Sie durch verschiedenste Techniken die Interaktion mit dem Text verbessern und den Inhalt Ihrer Studientexte und Fachliteratur strukturieren und verarbeiten können.
- Sie wissen, wie Sie in die Literaturrecherche starten und wie Sie in Katalogen und Datenbanken suchen.
- Sie können Ihre Literatur nach wissenschaftlichen Qualitätskriterien überprüfen und zwischen zitierwürdigen und nicht zitierwürdigen Quellen unterscheiden.
- Sie sind sich der Bedeutung richtigen Zitierens bewusst und haben einen Überblick über die verschiedenen Zitierweisen gewonnen.
- Sie wissen, wie Sie ein Literaturverzeichnis erstellen können.
- Sie lernen, wie Sie Ihre Arbeit inhaltlich gut strukturieren und wissen, durch welche Besonderheiten ein wissenschaftlicher Schreibstil gekennzeichnet ist.
- Sie sind sich der Bedeutung des richtigen Themas für Ihre Arbeit bewusst und haben einen Überblick über Techniken gewonnen, anhand derer sich Themen finden und eingrenzen lassen.
- Sie wissen, wie Sie bei einer (systematischen) Literaturanalyse einen Erkenntnisgewinn erzielen und worin der Unterschied zwischen quantitativer und qualitativer Forschung liegt.
- Sie wissen, dass die Gliederung den „roten Faden“ einer Arbeit darstellt und lernen die Bestandteile einer wissenschaftlichen Arbeit kennen.

- Sie sind mit dem Prozess der Exposéerstellung vertraut und wissen, welche Arbeitsschritte nötig sind.
- Sie sind sich der Bedeutung der Abschlusskorrektur Ihrer Arbeit bewusst.

Sie finden in diesem Buch Übungsaufgaben, mit denen Sie Ihren Fortschritt überprüfen können, und Checklisten, die Ihnen eine gründliche Arbeitsweise erleichtern sollen.

Wir wünschen Ihnen viel Erfolg auf Ihrem Weg zum wissenschaftlichen Arbeiten!

# Teil I
Grundlagen

# 1 Wissenschaft – Wissen schaffen

***In diesem Kapitel lernen Sie zu verstehen, was es bedeutet, wissenschaftlich zu arbeiten und wann der Prozess des wissenschaftlichen Arbeitens beginnt (→ 1.1). In diesem Zusammenhang werden Sie mit den grundsätzlichen Ansprüchen an die Qualität wissenschaftlicher Texte und ihre Einbettung in die Praxis vertraut gemacht (→ 1.2, 1.3), sodass Sie die Unterschiede zwischen wissenschaftlichen Erkenntnissen und Alltagswissen ableiten können (→ 1.4).***

## 1.1 Wissenschaftliches Arbeiten als Prozess

> „Wissenschaft erweitert bekanntes Wissen durch methodische und systematische Forschung und gibt das Wissen durch Veröffentlichungen und Lehre weiter." (Balzert et al., 2011, S. 7)

Wissenschaftliche Arbeiten sind das Produkt der Wissenschaft. Wissenschaftlich zu arbeiten bedeutet, in einem Prozess zu arbeiten. Ein Prozess, der mit einem Thema beginnt und mit einem Produkt endet. Mal angenommen, Sie haben eine Fallaufgabe bearbeitet oder vielleicht sogar die erste Hausarbeit verfasst und Ihr Ergebnis bei Ihrem Dozenten abgegeben, dann haben Sie mit dem Niederschreiben ein Produkt erstellt. Nämlich eine „wissenschaftliche Arbeit", die als Ergebnis aus dem Prozess des „wissenschaftlichen Arbeitens" hervorgegangen ist.

*Aber was bedeutet es, wissenschaftlich zu arbeiten?*

In einer Prüfungsaufgabe oder ggf. für eine Hausarbeit wird Ihnen das Thema mit einer Problemstellung vorgegeben, die es zu lösen gilt. Das bedeutet: Der erste Schritt des wissenschaftlichen Arbeitens ist vollbracht. Sie haben einen Ausgangspunkt, ein Thema, das auf einer Problemstellung basiert (zur selbstständigen Themenfindung vgl. Kap. 4.1). Dadurch haben Sie bereits Orientierung und können sich auf die Suche nach Informationen (vgl. Kap. 2.1) zum Thema machen. Im Anschluss an die Recherche folgt die Auswertung der Informationen. Sie lesen die Texte und bearbeiten sie. Nutzen Sie dabei die verschiedenen Möglichkeiten, die Sie in den Kapiteln 2.2 und 2.3 dieses Buches lernen werden: Stellen Sie Fragen an den Text und machen Sie sich Notizen. Dadurch erhöhen Sie die Effektivität. In einem letzten Schritt folgt dann das Schreiben (vgl. Kap. 3.2), das mit der niedergeschriebenen Aufgabenlösung (in Form von Fallaufgabe, Haus- oder Abschlussarbeit) endet.

Hieran sehen Sie, dass der Prozess des wissenschaftlichen Arbeitens nicht erst mit der Erstellung einer Haus- oder Abschlussarbeit, sondern bereits viel früher beginnt. Aus diesem Grund ist es wichtig, sich schon ganz zu Beginn des Studiums mit den Anforderungen und der Grundhaltung für die Erstellung einer wissenschaftlichen Arbeit auseinanderzusetzen und diese konsequent anzuwenden.

**Abb. 1.1:** Der Prozess des wissenschaftlichen Arbeitens (vgl. Voss, 2017, S. 21)

Ein Prozess braucht seine Zeit. Deswegen sollten Sie Ihre wissenschaftlichen Arbeiten immer in organisierter Form angehen. Das bedeutet, strukturiert, systematisch und nach vorgegeben Qualitätskriterien zu handeln.

> „Wissenschaftliches Arbeiten ist planvoll geordnetes Vorgehen mit dem Ziel, neue Erkenntnisse und neues Wissen zu gewinnen sowie Praxisprobleme zu lösen.“ (Balzert, et al., 2011, S. 5)

## 1.2 Wissenschaftliche Qualitätskriterien

Damit eine wissenschaftliche Schrift den Erwartungen, die an wissenschaftliche Arbeiten gestellt werden, gerecht wird und als wissenschaftlich bezeichnet werden kann, muss sie elementare Anforderungen erfüllen. Zu den ethischen Grundsätzen für Wissenschaftler gehören:

> „die Einhaltung wissenschaftlicher Qualitätskriterien, die Verantwortung gegenüber der eigenen Wissenschaftsdisziplin und gegenüber anderen Wissenschaftlern sowie die Verantwortung gegenüber Gesellschaft und Umwelt." (Balzert et al., 2011, S. 13 f.)

Wenn Sie die Literatur zum Thema wissenschaftliches Arbeiten nach Qualitätskriterien durchforsten, stellen Sie fest, dass es keine allgemein anerkannten Qualitätskriterien gibt und sich einige Kriterien sogar in vielerlei Hinsicht überschneiden. Im Folgenden zeigen wir Ihnen einige der – aus unserer Sicht – grundlegenden Kriterien für wissenschaftliche Arbeiten (vgl. Tab. 1.1), die u. a. verdeutlichen sollen, inwieweit sich wissenschaftliche Texte von anderen Arbeiten, z. B. von journalistischen Berichten, unterscheiden.

**Tab. 1.1:** Qualitätskriterien des wissenschaftlichen Arbeitens

| Grundlegende wissenschaftliche Qualitätskriterien |
|---|
| ▪ Objektivität |
| ▪ Originalität |
| ▪ Nachvollziehbarkeit |
| ▪ Verständlichkeit |
| ▪ Überprüfbarkeit |
| ▪ Relevanz |
| ▪ logische Argumentation |

### Objektivität

Die Ergebnisse einer wissenschaftlichen Arbeit müssen unabhängig sein. Das heißt, Sie dürfen sich bei der Durchführung Ihrer Untersuchung und beim Verfassen Ihrer Arbeit nicht von subjektiven („verzerrenden") Einflüssen bestimmen lassen. Ihre Schlussfolgerungen müssen auf zuvor dargelegtem Fachwissen basieren. Zudem muss der Leser Ihren Argumentationen folgen und ggf. gegenteilige Überlegungen anstellen können. Auch sollten Ihre Ergebnisse reproduzierbar sein. Das bedeutet, dass jeder andere, der über das notwendige Fachwissen verfügt, auf gleichem Weg zu den gleichen Ergebnissen kommen sollte (vgl. Balzert et al., 2011, S. 18; Wytrzens et al., 2012, S. 21; Ebster, Stalzer, 2017, S. 160).

Beeinflusst werden kann Ihre Objektivität durch emotionale Aspekte wie persönliche Vorlieben, ablehnende Einstellungen und Vorurteile. Dies zeigt sich z. B. in emotionalen Formulierungen und vorurteilsbelasteten Darstellungen. Mangelnde Objektivität kann aber auch durch fehlende Nachvollziehbarkeit der Inhalte (z. B., wenn vorschnell Schlussfolgerungen getroffen werden, die nicht auf Belegen basieren), durch unvollständige Darstellungen, unrichtige Wiedergaben sowie durch unvollständige Zitate und manipulierte Ergebnisse entstehen. Zu einer Einschränkung der Objektivität kommt es aber auch, wenn der Autor der wissenschaftlichen Arbeit bereits im Vorfeld der Untersuchung der Meinung ist, die Ergebnisse der Arbeit im Detail zu kennen (vgl. Balzert et al., 2011, S. 18 ff.).

**ÜBUNG 1.1:**

Beurteilen Sie bitte, ob die nachfolgenden Phrasen objektiv sind:

a) Meiner Meinung nach ...
b) Wie das Beispiel zeigt ...
c) Daraus ergibt sich ...
d) Ich finde, dass ...

Es gibt einige Möglichkeiten, wie Sie als Autor einer wissenschaftlichen Arbeit für Objektivität sorgen können und somit durch eine gute wissenschaftliche Qualität Ihrer Arbeit überzeugen werden (vgl. Balzert et al., 2011, S. 19):

- Beschreiben Sie Ihr Untersuchungsproblem immer klar und sachlich, anhand von Daten und Fakten.
- Wählen Sie Ihre wissenschaftlichen Literaturquellen ausgeglichen und unvoreingenommen aus. Berücksichtigen Sie immer auch gegenteilige Forschungsrichtungen und -ergebnisse.
- Werten Sie Ihre Literatur korrekt und vollständig aus. Belegen Sie Ihre Zitate.
- Wenden Sie geeignete Forschungsmethoden an und werten Sie Ihre Daten korrekt aus.
- Schreiben Sie nie wertend, sondern in diesem Sinne „objektiv": Sie problematisieren, erläutern, halten eine andere Position entgegen, gewichten Argumente oder Resultate, Sie folgern, diskutieren und resümieren.
- Beschreiben Sie Ihre Ergebnisse ehrlich, indem Sie Fehlangaben und Datenmanipulationen vermeiden.
- Interpretieren und schlussfolgern Sie nachvollziehbar.

### Originalität

Die Originalität einer wissenschaftlichen Arbeit zeigt sich sowohl im Grad der **wissenschaftlichen Eigenständigkeit** als auch in der **Kreativität**, die in die wissenschaftliche Leistung eingebracht wurde. Das bedeutet, dass von jeder wissenschaftlichen Arbeit eine eigenständige Auseinandersetzung mit dem Thema erwartet wird. Wissenschaftliche Eigenständigkeit erzielen Sie durch eine eigene Vorgehensweise bei der Bearbeitung Ihres Untersuchungsproblems.

Unter wissenschaftliche Eigenständigkeit fallen z. B. (vgl. Balzert et al., 2011, S. 39)

- die Bewertung des zu untersuchenden Sachverhalts anhand eigens erarbeiteter Bewertungskriterien,
- die Entwicklung eines neuen Lösungswegs,
- die Nutzung einer aktuellen und ggf. neuen Datenquelle, die für die Beantwortung der Fragestellung noch nicht herangezogen wurde,
- die Anwendung einer neuen Methodik,
- die kritische Auseinandersetzung mit den vorliegenden Erkenntnissen,

- die Verknüpfung von eigenem mit fremdem Wissen und
- die Entwicklung eigener Lösungsstrategien.

Sehen Sie Ihre wissenschaftliche Arbeit immer als Chance, einen Beitrag zur Vermehrung des Wissens in Ihrem Fachgebiet zu leisten: Sie erzielen einen Erkenntnisgewinn und erreichen zudem einen persönlichen Nutzen durch die Befriedigung Ihrer Neugierde.

> Aber:
> Das bloße Zusammenschreiben und Zusammenfassen des Forschungsstands sind nicht das Ziel Ihrer Arbeit!

Das Kriterium der Originalität soll anhand des folgenden Beispiels verdeutlicht werden:

**BEISPIEL 1.1**

„Globetrotter verteilen weltweit oft ungewollt Mitbringsel – Viren und Bakterien, die sie sich in ihrer Heimat und während Zwischenstopps einfingen oder vom Reiseziel zurück nach Hause schleppen. Auf diese Weise reisen die Erreger in kurzer Zeit über große Entfernungen und können neue Opfer anstecken. Für die Mediziner ist es wichtig, die statistischen Regeln zu kennen, nach denen sich die Mikroben ausbreiten. Im Falle einer Grippeepidemie etwa könnte dies helfen, Ansteckungswege zu unterbrechen. (…)

**Internetspiel als Forschungsmodell**

Jetzt fand ein deutsch-amerikanisches Wissenschaftlerteam eine Lösung. Sie beruht auf den Daten eines besonders in den USA populären Internetspiels. Es ermöglicht Nutzern, Dollarnoten registrieren zu lassen und ihren Weg über den Erdball zu verfolgen. Entdeckt jemand einen der registrierten und markierten Geldscheine, gibt er den Fundort auf der entsprechenden Internetseite ein, dann kann das Geld weiter zirkulieren.

Wie Krankheitserreger wird auch das Geld durch Menschen von einem Ort zum nächsten gebracht. Bei ihrer Analyse bemerkten die Forscher, dass die Bewegungen von Reisenden den Regeln eines bereits bekannten mathematischen Gesetzes gehorchen. Daraus entwickelten sie ein Modell, das die beobachteten Bewegungen von Touristen über Distanzen von wenigen bis zu einigen tausend Kilometern erstaunlich gut wiedergibt.
‚Wir erkannten, dass die enormen Datenmengen, aber auch die erreichbare geografische und zeitliche Verteilung der aufgefundenen Geldscheine Aufschluss über die statistischen Eigenschaften der menschlichen Mobilität geben, und zwar unabhängig vom jeweiligen Transportmittel', erklärt Studienleiter Dirk Brockmann vom Göttinger Max-Planck-Institut für Dynamik und Selbstorganisation (MPI-DS). (...) Damit erlaubt das Modell, den Verlauf einer Epidemie recht präzise vorherzubestimmen." (Odenwald, 2006)

**ÜBUNG 1.2:**

Worin liegt Ihrer Ansicht nach die **Originalität** in dem in Beispiel 1.1 entwickelten (mathematischen) Modell zur Vorhersage von Epidemien?

Prüfen Sie stets, ob Sie mit Ihrer wissenschaftlichen Arbeit eigene Vorgehensweisen realisieren, Ergebnisse anderer verwendend neue Ergebnisse erreichen oder Methoden anderer Forschungsbereiche für Ihr Forschungsgebiet nutzen (Stichwort: Interdisziplinarität). Wenn ja, erfüllen Sie mit Ihrer Arbeit das Qualitätskriterium der Originalität und schaffen neues Wissen. Sie erzielen also einen Erkenntnisgewinn. Folgende Fragen werden Ihnen dabei helfen, die Originalität Ihrer Arbeit zu identifizieren bzw. diese einzubringen:

- Habe ich eine eigenständige Leistung erbracht? Worin liegt die Eigenständigkeit meiner Leistung?
- Was ist originell an meiner Arbeit?

- Was macht die Besonderheit meines Themas und meiner Forschungsfrage aus?
- Worin unterscheiden sich mein Thema und die Fragestellung von anderen?" (Balzert et al., 2011, S. 43)

**ÜBUNG 1.3:**

Beurteilen Sie die folgenden Fragestellungen einer wissenschaftlichen Literaturarbeit hinsichtlich der Originalität/Eigenständigkeit. Warum ist eine Beantwortung der folgenden Fragestellungen jeweils als bloßes „Zusammenfassen des Forschungsstands" zu verstehen?

- Was sind die Ziele der Prävention?
- Was ist unter Adipositas zu verstehen?
- Wie verbreitet ist die koronare Herzkrankheit in Deutschland?

Oder

- Was lässt sich unter dem Begriff Medien fassen?
- Wie kann Kommunikation definiert werden?
- Welche Kommunikationsarten werden in Deutschland bevorzugt?

### Nachvollziehbarkeit, Verständlichkeit und Überprüfbarkeit

Das Kriterium der **Nachvollziehbarkeit** stellt sicher, dass sich die Inhalte und Verfahren der wissenschaftlichen Arbeit für andere Personen erschließen lassen. Das bedeutet, dass Sie bei Ihrer Arbeit systematisch-methodisch vorgehen müssen.

Dabei muss die (geplante und organisierte) methodische Vorgehensweise klar beschrieben werden, um für den Leser nachvollziehbar und überprüfbar zu sein. Das ist wichtig, denn andere müssen auf dem gleichen Weg zu den gleichen wissenschaftlichen Aussagen kommen.

Wissenschaftliche Erkenntnisse müssen das Resultat eines systematischen und methodisch einwandfreien Vorgehens sein, das nachvollziehbar und überprüfbar ist.

Aber nicht nur die Vorgehensweise, sondern auch die Aussagen einer wissenschaftlichen Arbeit müssen nachvollziehbar und objektiv sein. Das heißt, die Inhalte müssen sich von anderen erschließen lassen und zudem frei von subjektiven Argumentationen (Kriterium der Objektivität) sein. Neben einer exakten und *wissenschaftlichen Formulierung* durch eine eindeutige Sprache gehört auch die *folgerichtige inhaltliche Strukturierung* der Arbeit (vgl. Kap. 4.3) mit einer präzisen und *sorgfältigen Beschreibung* Ihres Vorgehens dazu. Aber auch die *Vollständigkeit der Bestandteile* (z. B. Titelblatt, Verzeichnisse, vgl. Kap. 4.3) und ein *übersichtliches Layout* sind hinsichtlich der Verständlichkeit Ihrer wissenschaftlichen Arbeit von Bedeutung (vgl. Balzert et al., 2011, S. 29 f.).

Fehlt Ihrer Arbeit z. B. das Literatur- und Quellenverzeichnis, so sind Ihre Quellenangaben nicht mehr nachvollziehbar und überprüfbar. Ihre Arbeit verletzt in diesem Fall das Qualitätskriterium der Nachvollziehbarkeit (zum Umgang mit Quellen vgl. Kap. 3).

Um eine einheitliche Diskussionsgrundlage zu schaffen und Ihre Arbeit - auch für Nicht-Experten Ihres Fachgebiets - nachvollziehbar und überprüfbar zu machen, sind verwendete *Begrifflichkeiten* klar und einheitlich zu *definieren,* voneinander abzugrenzen und konsequent in der definierten Form zu verwenden.

Auch schließt die **Überprüfbarkeit** Ihrer Arbeit die *Dokumentation* Ihrer Ergebnisse mit ein; diese besondere Sorgfaltspflicht gilt es bei wissenschaftlichen Arbeiten stets zu berücksichtigen.

Denken Sie immer daran, Ihre Ergebnisse zu protokollieren.

Darüber hinaus ist es wichtig, dass Ihre Arbeit genau das untersucht oder misst, was sie vorgibt (**Validität**). Prüfen Sie also während des Schreibprozesses Ihrer wissenschaftlichen Arbeit, ob Sie die richtigen Inhalte bearbeiten, die hinsichtlich Ihrer Forschungsfrage und Zielsetzung relevant sind (vgl. Balzert et al., 2011, S. 29). Prüfen Sie auch, ob die von Ihnen vorgenommenen Messungen und Erhebungen ihren Zweck erfüllen und somit valide Daten liefern. Beachten Sie, dass sehr kleine Stichproben zu nicht validen Daten führen können.

Ein weiteres Kriterium zur Überprüfbarkeit ist die Verlässlichkeit (**Reliabilität**) Ihrer Ergebnisse: Eine Wiederholung Ihrer Untersuchung – bei Anwendung gleicher Methoden unter konstanten Bedingungen – sollte zu gleichen Ergebnissen kommen. Dafür ist zunächst immer zu prüfen, ob die gewählten Methoden für Ihre Arbeit geeignet sind (vgl. Wytrzens et al., 2012, S. 22).

### Relevanz

Ihre wissenschaftliche Arbeit soll Ihrem Fachgebiet oder Modul, in dem Sie sie schreiben, neues Wissen schaffen und zum wissenschaftlichen Fortschritt beitragen. Die Relevanz Ihrer Arbeit kann durch die Themenwahl, aber auch durch die Anwendung neuer Untersuchungsmethodiken und Datenbestände erzielt werden (Kriterium der Originalität). Bei der Themenwahl gelingt dies durch die Analyse neuer Aspekte einer Problemstellung. Bei der Methodenwahl könnten z. B. bereits bekannte Trends mit einem aktuellen Datensatz fortgeschrieben oder widerlegt werden. Die wissenschaftliche Arbeit soll also einen hohen Informationswert haben und zur Lösung von Problemstellungen beitragen – sie soll *Nutzen schaffen*.

Folgende Fragestellungen werden Ihnen dabei helfen, die Relevanz einer Thematik zu prüfen (vgl. Balzert et al., 2011, S. 34):

**Checkliste zur Prüfung der Relevanz einer Thematik**

- ✓ Warum ist der Untersuchungsgegenstand meiner Arbeit wichtig?
- ✓ Worin liegt der Informationswert der von mir verwendeten Materialien wie z. B. Studien, Statistiken und Forschungsberichte?
- ✓ Welchen Informationswert erzielen meine eigenen Aussagen und Ergebnisse für das Fachgebiet bzw. Modul? Warum sind meine Ergebnisse für das Fachgebiet bzw. Modul relevant?
- ✓ Wie können meine Erkenntnisse und Forschungsergebnisse das Wissen im Fachgebiet bzw. Modul erweitern?
- ✓ Können meine Erkenntnisse und Ergebnisse helfen, Praxisprobleme zu lösen? Ist meine Handlungsempfehlung für das Fachgebiet bzw. Modul relevant?

**Abb. 1.2:** Checkliste zur Prüfung der Relevanz einer Thematik (vgl. Balzert et al., 2011, S. 34)

**!** Ihre Hausarbeit z. B. muss inhaltlich in einem Zusammenhang mit dem Modul stehen, in dem Sie diese schreiben. Wenn Sie also Ihre Hausarbeit im Modul Public Health schreiben, müssen Sie ein Thema mit einer Public-Health-Relevanz wählen. Schreiben Sie Ihre Abschlussarbeit im Studiengang Gesundheitstourismus, müssen Sie eine Thematik mit gesundheitstouristischer Relevanz anfertigen.

### Logische Argumentation

Durch logische Argumentationen versetzen Sie den Leser Ihrer Arbeit in die Lage, Ihren Argumentationen folgen zu können. Dadurch vermeiden Sie mögliche Fehlinterpretationen. Das erreichen Sie aber nur, indem Sie folgerichtig denken, Ihre eigenen Argumente konkret begründen und korrekte Schlussfolgerungen ziehen.

Zur Verdeutlichung dient Beispiel 1.2.

**BEISPIEL 1.2**

Sie schreiben in Ihrer wissenschaftlichen Arbeit den folgenden Satz: *„Die Verbreitung von Übergewicht und Adipositas hat dramatisch zugenommen."* Im Anschluss gehen Sie zum nächsten, wichtigen Aspekt über und erläutern in einem Folgesatz die gesundheitlichen Folgen von Übergewicht und Adipositas. Auch wenn Ihre Aussage zur Verbreitung von Übergewicht und Adipositas grundsätzlich nicht verkehrt ist, laufen Sie Gefahr, missverstanden zu werden und lassen den Leser Ihrer Arbeit mit vielen Fragen allein, z. B.:

- In welchem Untersuchungsgebiet hat die Verbreitung von Übergewicht und Adipositas dramatisch zugenommen?
- In welchem Zeitraum hat die Entwicklung von Übergewicht und Adipositas zugenommen?
- Wie hoch ist der Anteil an Übergewichtigen und Fettleibigen heute und vor dem beschriebenen „dramatischen" Anstieg?
- Auf welcher Datenquelle (Studie) basieren diese Informationen?

Prüfen Sie Ihre Argumentationen immer dahingehend, ob sie konkret begründet und logisch einwandfrei sind. Setzen Sie sich zum Ziel, mögliche Fehlschlüsse des Lesers (der ggf. der Gutachter Ihrer Arbeit ist) zu vermeiden.

Folgende Fragen sollen Ihnen dabei helfen (vgl. Balzert et al., 2011, S. 39):

- Begründe ich meine Aussagen? Sind meine Begründungen schlüssig?
- Sind meine Aussagen untereinander und in Bezug auf die Schlussfolgerungen widerspruchsfrei?
- Sind die von mir ausgeführten Begründungen konkret und reichen sie aus, um zu dieser Schlussfolgerung zu gelangen? Fehlen dem Leser noch Informationen, damit er meinem Gedankengang folgen kann?
- Könnten meine Aussagen missverstanden werden?

## 1.3 Wissenschaftliche Praxis

Die Einhaltung wissenschaftlicher Qualitätskriterien wird in Deutschland durch die Deutsche Forschungsgemeinschaft e. V. gesichert. Sie hat 1998 erstmals „Empfehlungen zur Sicherung guter wissenschaftlicher Praxis" vorgelegt und diese 2013 aktualisiert (vgl. Deutsche Forschungsgemeinschaft, 2013). Aber auch der Allgemeine Fakultätentag (AFT), die Fakultätentage und der Deutsche Hochschulverband (DHV) haben 2012 ein gemeinsames Positionspapier „Gute wissenschaftliche Praxis für das Verfassen wissenschaftlicher Qualifikationsarbeiten" publiziert (vgl. AFT, 2012). Es zeigt Grundregeln wissenschaftlicher Praxis auf, die für alle Wissenschaftsdisziplinen gelten und sich insbesondere an Studierende richten (vgl. AFT, 2012, S. 2).

**ÜBUNG 1.4:**

Laden Sie sich das Positionspapier herunter und lesen Sie sich die Grundsätze durch. Kapitel II erläutert die „Grundsätze guter wissenschaftlicher Praxis". Fassen Sie kurz zusammen, warum die Einhaltung wissenschaftlicher Qualitätskriterien für die wissenschaftliche Praxis eine so große Bedeutung hat.

Zu Beginn dieses Kapitels wurde bereits formuliert, dass neben der Einhaltung wissenschaftlicher Qualitätskriterien auch die **Verantwortung** zu den Grundsätzen für Wissenschaftler gehört.

Hierunter fallen die Zitierpflicht (vgl. Kap. 3) und darüber hinaus forschungsethische Prinzipien, die insbesondere bei empirischen Arbeiten zum Tragen kommen und deshalb hier kurz Erwähnung finden sollen:

> „Zu den Grundsätzen zählen
> - die Achtung von Menschenwürde und Menschenrechten und der Schutz vor Leid und Schmerz,
> - das Einverständnis der Probanden, das auf der wahrheitsgemäßen Information über Ziel, Zweck, Verlauf und Methoden der geplanten Untersuchung beruht, und
> - die Einhaltung von Datenschutzbestimmungen." (Sandberg, 2013, S. 50)

## 1.4 Kritisch hinterfragen: Alltagswissen vs. Wissenschaftlichkeit

Wissenschaftliche Erkenntnisse, wie aus den vorangegangenen Schilderungen zu entnehmen ist,

- beruhen auf einer begründeten und belegbaren Argumentation, z. B. in den Geisteswissenschaften,
- basieren auf empirisch gewonnenem Datenmaterial, z. B. in den Sozialwissenschaften,
- müssen durch Experimente gefunden und belegt werden, z. B. in den Naturwissenschaften.

Die so erzielten Erkenntnisse sind kein Selbstzweck. Vielmehr dienen sie z. B. der Absicherung einer Theorie oder der Untersuchung von Einflussfaktoren, z. B. dem Einfluss des Rauchverhaltens auf Lungenkrebs oder der Veränderung personaler Kommunikation durch mobile Medien. Damit stiften die Ergebnisse einen gesellschaftlichen Nutzen.

- Im Rahmen eines Studiums dient wissenschaftliches Arbeiten dazu, systematisch neues Wissen aufzubauen, Methoden zu verstehen und anzuwenden sowie die gewonnenen Fähigkeiten in konkreten Fällen (wie in Hausarbeiten) umsetzen zu können.

> **!** Zusammenfassend lässt sich Wissenschaft auch als die „fundierte, systematische und nachvollziehbare Befriedigung von Neugier beschreiben" (Krämer, 2009, S. 14).

*Aber was unterscheidet die persönlichen Lebenserfahrungen (Alltagswissen) von wissenschaftlichen Erkenntnissen?*

Persönliche Erfahrungen sind subjektiv. Das heißt, sie resultieren aus Beobachtungen und „learning by doing". Damit sind sie nicht überprüfbar. Unterschiedliche Personen können bei dem gleichen Sachverhalt andere Erfahrungen gemacht haben und zu verschiedenen Aussagen, Einschätzungen oder Erkenntnissen kommen. Diesen Unterschied soll Ihnen Beispiel 1.3 verdeutlichen.

**BEISPIEL 1.3**

Alltagsaussagen versus wissenschaftliche Aussagen:

- Eine Alltagsaussage wie „Unsere Kinder werden immer dicker" wird erst durch das Zitieren wissenschaftlicher Studiendaten oder entsprechender Literatur mit einem Vergleichswert vergangener Jahre zu einer wissenschaftlichen Aussage; die in einer wissenschaftlichen Arbeit folgendermaßen formuliert sein könnte: „Basierend auf Daten des Robert Koch-Instituts hat sich der Anteil übergewichtiger Kinder gegenüber den 1980er- und 1990er-Jahren um 50 Prozent erhöht." Zusätzlich sollte die Aussage anhand der Quelle belegt werden (vgl. Kap. 3).
- Bei der Aussage „Häufigere Krebserkrankungen um Atomanlagen" handelt es sich um eine Alltagsaussage, die bisher wissenschaftlich nicht bestätigt werden konnte.

Fragen Sie sich nach jeder Aussage, die Sie in Ihrer Arbeit anführen, und sei diese auch nach dem Alltagswissen sehr wahrscheinlich gültig: Wer oder was kann diese Aussage wissenschaftlich belegen oder beweisen?

Trotz dieser Unterschiede wirken aber alltagsförmige und wissenschaftliche Erkenntnisse aufeinander ein: „So bildet etwa die Alltagssprache die Grundlage für die wissenschaftliche Sprache. Zudem kann wissenschaftliches Wissen in Alltagswissen übergehen[, z. B.] Erkenntnisse aus der Ernährungswissenschaft." (Voss, 2017, S. 35)

**ÜBUNG 1.5:**

Formulieren Sie die Alltagsaussage „Gesundheitsausgaben steigen auf Rekordhoch" als wissenschaftliche Aussage.

## Zusammenfassung

Sie haben in diesem Abschnitt gelernt, welche Anforderungen an das wissenschaftliche Arbeiten gestellt werden und dass der Prozess des wissenschaftlichen Arbeitens nicht erst mit der Erstellung einer Hausarbeit, sondern schon bei der Themensuche beginnt. Bei Prüfungsaufgaben mit vorgegebenem Thema hingegen ist der erste Schritt des wissenschaftlichen Arbeitens bereits vollbracht. Aber auch die Literaturrecherche, das Lesen von Texten und die Bewertung von Informationen zu dem Thema gehören ebenso zum Prozess wie das Schreiben des eigentlichen wissenschaftlichen Textes oder der wissenschaftlichen Arbeit. Aus diesem Grund ist es wichtig, dass Sie sich gleich zu Beginn Ihres Studiums mit den Anforderungen, die an wissenschaftliche Arbeiten gestellt werden, auseinandersetzen und jene konsequent üben.

Die Anforderungen an wissenschaftliche Arbeiten geben Auskunft über deren Qualität und grenzen wissenschaftliche Aussagen von Alltagsaussagen ab. Dabei zeichnen sich wissenschaftliche Erkenntnisse dadurch aus, dass sie systematisch gewonnen und objektiv und nachvollziehbar begründet werden können. Ihren Autoren obliegt damit die Verantwortung, gewissenhaft zu arbeiten.

In Ihrem Studium werden Sie sicherlich einige wissenschaftliche Arbeiten erstellen, die sich hinsichtlich der Anforderungen an die Wissenschaftlichkeit unterscheiden werden. Je öfter Sie neben fachlichen Fähigkeiten auch den Prozess des wissenschaftlichen Arbeitens üben, desto leichter wird es Ihnen fallen.

## Aufgaben zur Selbstüberprüfung

**HINWEIS**

Die Aufgaben zur Selbstüberprüfung können Sie auch interaktiv online bearbeiten. Folgen Sie dazu diesem Link: http://www.aon.media/kc5llk oder scannen den QR-Code.

**AUFGABE 1.1:**

Beschreiben Sie den Prozess des wissenschaftlichen Arbeitens.

**AUFGABE 1.2**

Was zählt zu den wissenschaftlichen Qualitätskriterien?

a) Nachvollziehbarkeit

b) Zweideutigkeit der Aussagen

c) Subjektivität

d) logische Hinführung

e) häufiger Fremdwortgebrauch

f) kommerzielle Nutzbarkeit der Ergebnisse

**AUFGABE 1.3:**

Erläutern Sie, welche Aspekte Sie zu beachten haben, damit die Inhalte Ihrer wissenschaftlichen Arbeit auch für andere erschließbar sind.

**AUFGABE 1.4:**

Was unterscheidet wissenschaftliches Wissen und Alltagswissen? Kreuzen Sie die falschen Aussagen zum Alltagswissen an:

- ☐ Alltagswissen wird durch persönliche Erfahrungen gebildet.
- ☐ Alltagswissen wird in Fachjournalen veröffentlicht.
- ☐ Alltagswissen ist subjektiv.
- ☐ Alltagswissen trägt zur Lösung tiefgehender gesellschaftlicher Probleme bei.

# 2 Mit wissenschaftlichen Texten arbeiten

*In diesem Kapitel erhalten Sie zunächst Einblick in die Literaturrecherche sowie Hilfsmittel zur erfolgreichen Suche in Datenbanken und in eine kritische Auseinandersetzung mit den Quellen (→ 2.1). Danach machen Sie sich mit Lesetechniken vertraut, um Informationen zielgerichtet finden und verarbeiten zu können (→ 2.2), um schließlich Textbearbeitungs- und Textnachbereitungsmethoden kennenzulernen (→ 2.3). Dies wird Ihnen für den vertiefenden Teil II des Buches als grundlegendes Rüstzeug dienen.*

## 2.1 Literaturrecherche

Zunächst sollen Ihnen verschiedene Möglichkeiten aufgezeigt werden, wie Sie Ihre Literaturrecherche erleichtern und systematisch gestalten können. Eine gute und zielgerichtete Suche nach Quellen setzt Kenntnisse über verschiedene – und für wissenschaftliche Arbeiten relevante – *Literaturtypen* voraus. Einen erläuternden Überblick zu den einzelnen Literaturtypen finden Sie im Anhang (vgl. Anhang D).

Eine weitere Entscheidung erfolgt nach der *Literaturart*, d. h. danach, ob es sich bei den Literaturquellen oder wissenschaftlichen Texten um Primär- oder Sekundärliteratur handelt.

**DEFINITION 2.1**

Die Publikation eigener Forschungsergebnisse stellt Primärliteratur dar, denn bei der Primärliteraturquelle handelt sich um die ursprüngliche Quelle und somit um das Original. Werden die ursprünglichen Ergebnisse der Primärliteratur dagegen zusammengefasst, umgeschrieben oder verdichtet, wird von Sekundärliteratur gesprochen. Sekundärquellen beschäftigen sich also mit Primärquellen, sie haben das Original zum Untersuchungsgegenstand und zitieren es.

Lehrbücher sind (zumeist) als Sekundärliteratur anzusehen. Ihr Ziel ist es, einen Überblick über einen Themenbereich zu liefern und dafür bereits publizierte Forschungsergebnisse unterschiedlicher Primärquellen zusammenzufassen und vereinfacht darzustellen. Aber auch Übersichtsartikel (engl. Reviews) in Fachzeitschriften oder Fachbücher über spezielle Fachthemen stellen Sekundärquellen dar. In einer wissenschaftlichen Arbeit reicht es nicht aus, auf die Sekundärliteratur zurückzugreifen. Zitiert werden muss – bis auf wenige Ausnahmen – die Primärquelle. Damit befassen wir uns in Kapitel 3.1 genauer.

Die Recherche von Literaturquellen beginnt immer mit der klaren Festlegung des Rechercheziels, dem Auffinden eines Ausgangspunkts der Recherche und einer Suchstrategie. Hierbei sollten Sie aber berücksichtigen, dass es nicht den einen Einstiegspunkt in Ihre Recherche gibt, sondern verschiedene Wege zur Verfügung stehen. Im Laufe der Zeit werden Sie lernen, die Rechercheinhalte zu beschreiben und eine Suchstrategie zu entwickeln. Anhand der folgenden Hinweise und Übungen können Sie sich darin bereits ausprobieren.

### 2.1.1 Einstieg in die Literaturrecherche

**Festlegung des Rechercheziels:** Legen Sie in einem ersten Schritt das Ziel Ihrer Literatursuche fest. Dadurch lässt sich der Rechercheinhalt präzise beschreiben. Klären Sie, was genau Sie finden bzw. recherchieren möchten und mit welchem Ziel.

**BEISPIEL 2.1**

**Festlegung von Ziel und Rechercheinhalt**

**Fall 1:** In Ihrer heutigen Tageszeitung wird die Verbreitung von Diabetes mellitus in Deutschland dargestellt. Als Quelle wird die Studie *DEGS* angegeben.

- *Ziel:* Sie wissen, dass *DEGS* die „Studie zur Gesundheit Erwachsener in Deutschland" des Robert Koch-Instituts ist, möchten aber Näheres zu der Studie erfahren. Sie möchten sich über die Studie *DEGS* informieren.
- *Rechercheinhalt:* Recherche über die Studie *DEGS*.

**Fall 2:** Im Rahmen eines Seminars ist es Ihre Aufgabe, eine Präsentation zum Thema „Prävention von Adipositas bei Kindern und Jugendlichen" zu erstellen. Dafür sollen Sie zwei aktuelle *Präventionsprogramme* darstellen und miteinander vergleichen.

- *Ziel:* Auswahl und Vergleich zweier Präventionsprogramme „Prävention von Adipositas bei Kindern und Jugendlichen".
- *Rechercheinhalt:* Recherche aktueller Präventionsprogramme „Prävention von Adipositas bei Kindern und Jugendlichen".

**Ausgangspunkt der Recherche:** Ausgangspunkt Ihrer Recherche sollte immer das bereits vorliegende Wissen aktueller und für das Thema relevanter Einführungs- und Grundlagenwerke (wie Studienhefte, disziplinspezifische Lehrbücher), Nachschlagewerke und Fachlexika sein. Anhand dieser Werke verschaffen Sie sich zunächst einen groben Überblick über das Thema. Sie schreiten dann über die Literaturverzeichnisse der Arbeiten von der allgemeinen Literatur zu der spezielleren Literatur voran, indem Sie auch Übersichtsartikel einschlägiger Fachzeitschriften und Forschungsberichte hinzuziehen. Diese geben Ihnen einen Einblick in (eingegrenzte) Forschungsbereiche und stellen den aktuellen Stand des Wissens dar. Darüber hinaus zeigen sie Ihnen weitere Literaturquellen, z. B. Dissertations- und Habilitationsschriften, auf. Mit dieser Vorgehensweise bei der Literatursuche, die auch als *Schneeballsystem* bezeichnet wird, gewinnen Sie einen schnellen Überblick über das Thema und seine Komplexität sowie über die wichtigsten Schlüsselbegriffe, Autoren und Schlagwörter der Thematik; die wiederum sind entscheidend für Ihre Suchstrategie (vgl. Kornmeier, 2016, S. 84).

Doch das Schneeballsystem hat auch Nachteile: Quellen, die bisher nicht zitiert wurden, lassen sich anhand dieser Vorgehensweise nicht auffinden, sodass auch neuere Zeitschriftenartikel, Dissertations- und Habilitationsschriften und Diskussionspapiere herangezogen werden sollten.

**ÜBUNG 2.1:**

Sie möchten sich zum Thema Grippeimpfung informieren. Beginnen Sie Ihre Recherche und suchen Sie nach Begriffen in Nachschlagewerken und Online-Quellen. Legen Sie drei Begriffe fest, anhand derer Sie gezielt suchen können.

Suchvorgehen: Die Literatursuche in Datenbankkatalogen erfolgt über Suchfelder und Suchinstrumente. Erste Schlüsselbegriffe und Schlagwörter der Thematik haben Sie bereits über das Schneeballsystem ausfindig gemacht. Um weitere (verwandte) Fachbegriffe für den Suchprozess zu identifizieren, hilft der Einsatz von *Thesauri*, z. B. der Standard-Thesaurus Wirtschaft des ZBW – Deutsche Zentralbibliothek für Wirtschaftswissenschaften, Leibniz-Informationszentrum Wirtschaft. Er enthält Vokabular zu allen ökonomischen Themenstellen. Der medizinische Thesaurus Medical Subject Headings (MeSH) und das Unified Medical Language System (UMLS) helfen Ihnen beim Identifizieren medizinischer Schlagwörter. Mehr über Datenbanken für Ihren spezifischen Fachbereich erfahren Sie i. d. R. im Laufe Ihres Studiums.

Das konkrete Suchvorgehen in Katalogen soll Ihnen am Beispiel des traditionellen Online-Katalogs (OPAC)[1] der Universitätsbibliothek der Philipps-Universität Marburg verdeutlicht werden: Wenn Sie die voreingestellte „Einfache Suche" auswählen, so erfolgt eine freie Suche nach Begriffen in allen Kategorien (Titel, Personen, Schlagwörter, ...). Hier geben Sie Ihren Suchbegriff ein. Als Resultat wird Ihnen der Bibliotheksbestand der Universitätsbibliothek (Primär- und Sekundärliteraturquellen) aufgezeigt, in denen der Begriff auftaucht. Als Suchbegriffe eignen sich insbesondere:

- Fachbegriffe und Schlagwörter
- wichtige Autoren, Experten, Fachleute der entsprechenden Disziplin
- Bücher, Zeitschriften, Forschungsberichte
- Methoden und verwendete Datensätze, Surveys
- Titel bereits vorhandener Literatur
- Zeiträume, z. B. 2008 bis heute

1 Online Public Access Catalogue (OPAC)

**ÜBUNG 2.2:**

Suchen Sie nach Online-Katalogen (wie dem der Universität Marburg, oder auch der HU Berlin) und testen Sie diese z. B., indem Sie die Suchbegriffe aus Übung 2.1 in die Suchmaske eingeben. Dokumentieren Sie Ihre Ergebnisse. Welcher Suchbegriff hat die meisten Treffer erzielt?

### 2.1.2 Recherchehilfsmittel

Eine Verknüpfung von zwei oder mehreren Begriffen kann in der einfachen Suche über **Boolesche Operatoren**(vgl. Tab. 2.1) erfolgen:

- AND bzw. UND für Schnittmengen
- OR bzw. ODER für Vereinigungsmengen
- NOT bzw. NICHT für Differenzmengen

**HINWEIS**

Bitte beachten Sie, dass Sie die Booleschen Operatoren bei Ihrer Recherche in Großbuchstaben angeben müssen. Ansonsten erkennt das Programm nicht, dass es sich um einen Operator handelt.

**Tab. 2.1:** Boolesche Operatoren (vgl. Voss, 2017, S. 90)

| Operator | Beispiel | Erklärung |
|---|---|---|
| Schnittmenge<br>UND | Begriffssuche nach:<br>*Gesundheit* UND<br>*Tourismus*<br>→ Das Programm findet alle Dokumente, in denen diese beiden Suchbegriffe gemeinsam vorkommen. | Alle eingegebenen Suchbegriffe kommen in den gesuchten Dokumenten vor. Damit ist die Suche exakt durchzuführen und die Anzahl der Resultate stark einzuschränken. |
| Vereinigungsmenge<br>ODER | Begriffssuche nach:<br>*Gesundheit* ODER<br>*Tourismus*<br>→ Das Programm findet alle Dokumente, in denen entweder Gesundheit oder Tourismus einzeln vorkommen. | In den Dokumenten kommt mind. einer der eingegebenen Suchbegriffe vor. Die Suche lässt sich auf diese Weise ausdehnen und die Anzahl der Resultate lässt sich erweitern. |
| Differenzmenge<br>NICHT | Begriffssuche nach:<br>*Gesundheit* NICHT<br>*Tourismus*<br>→ Das Programm findet alle Dokumente, in denen Gesundheit, nicht aber Tourismus vorkommt. | In den Dokumenten kommt nur der erste Begriff vor; der zweite nicht. Der Operator NICHT ermöglicht es, Begriffe von der Suche auszuschließen. Werden z. B. Informationen über die Stadt Essen gesucht, kann durch die Eingabe „Essen NICHT Lebensmittel" ein Ausschluss erfolgen. |

Eine weitere Hilfestellung bei der Recherche in einer Datenbank erhalten Sie, indem Sie Suchbegriffe abkürzen (Trunkierung). Hierbei wird die Wortstammsuche durch Abkürzung von Suchbegriffen, sogenannte Wildcards (spezielle Zeichen) wie * oder $ #, abgekürzt (vgl. Voss, 2017, S. 90).

**BEISPIEL 2.2**

**Trunkierung**

**Gesundheits*** sucht z. B.: Gesundheitswesen, Gesundheitswirtschaft, Gesundheitsökonomie, Gesundheitswissenschaft, Gesundheitspädagogik, Gesundheitspflege, …

Weitere Trunkierungen von Suchbegriffen zeigt Ihnen Tabelle 2.2 auf.

**Tab. 2.2:** Trunkierung (Abkürzung) von Suchbegriffen (Deutsche Nationalbibliothek, o. J.)

| Trunkierungszeichen | Beispiel | Erläuterung |
|---|---|---|
| * | Kasa*<br>Kasa*stan | Der Stern steht für kein bis beliebig viele Zeichen (gefunden werden Kasakstan, Kasachstan, Kasakhstan …). |
| ? ! | Ka?achstan<br>Ka!achstan | Das Fragezeichen und das Ausrufungszeichen stehen für genau ein Zeichen (gefunden werden Kasachstan, Kazachstan). |
| […] | Ka[sz]achstan | […] steht für eines der aufgelisteten Zeichen (gefunden werden Kasachstan und Kazachstan). |
| Kombinationen | Ka?a*stan | Alle Trunkierungszeichen können auch miteinander kombiniert werden (gefunden werden Kasachstan, Kazakhstan, Kazachstan, Kasakstan, Kasakhstan …). |

Darüber hinaus sollten Sie auch die **Phrasensuche** nutzen: Zusammengesetzte Wörter werden dabei in der Suchabfrage in Anführungszeichen gesetzt, damit die Suchmaschinen dann die exakt gleiche Phrase suchen.

**ÜBUNG 2.3:**

Geben Sie in der Suchmaske eines Online-Katalogs die Wortkombination „therapeutische Berufe" ein: einmal mit Anführungszeichen verknüpft und einmal ohne Anführungszeichen. Dokumentieren Sie Ihre Ergebnisse und bewerten Sie, ob die Kombination mit oder ohne Anführungszeichen zu besseren Ergebnissen führt.

**Dokumentation der Rechercheergebnisse:** Dokumentieren Sie Ihre Rechercheergebnisse. Der einfachste Weg ist die Verwendung eines Word-Dokuments oder einer Excel-Tabelle, in die Sie die Informationen Ihres Recherchewegs (verwendete Datenbank/Katalog, Schlüsselwörter/Schlagwörter etc.) und Ihre Rechercheergebnisse eintragen. Sie legen sich also eine Literaturliste an, auf die Sie später jederzeit zurückgreifen und die Sie bei jeder Literaturrecherche ergänzen können. Wenn Sie zusätzlich Schlagwörter vergeben, lässt sich später einfacher auf die Liste zurückgreifen.

Wichtig ist zudem, dass Sie Ihre gefundene Literatur immer kritisch nach den wissenschaftlichen Qualitätskriterien (vgl. Kap. 1.2) beurteilen und auf Zitierwürdigkeit prüfen. Auch dies können Sie in der Tabelle festhalten.

### 2.1.3 Recherche in Katalogen, Datenbanken, digitalen Bibliotheken und Bibliotheksportalen

**Bibliothekskataloge** stellen das klassische Rechercheinstrument dar. Sie zeigen Ihnen die Sammlungen und Bestände der jeweiligen Bibliothek auf und informieren angemeldete Nutzer darüber, ob das recherchierte Werk derzeit in der Bibliothek verfügbar und ausleihbar ist. Ist es gerade nicht verfügbar, besteht die Möglichkeit, es vorzumerken. Gehört das Buch oder die Zeitschrift nicht zum Bestand der Bibliothek, können Sie eine Fernleihe mit der Beschaffung beauftragen. Genauere Informationen zur Fernleihe finden Sie im Abschnitt Literaturbeschaffung. Als Beispiel für einen Bibliothekskatalog haben Sie bereits den Online-Katalog OPAC der Philipps-Universität Marburg kennengelernt. Fast alle Bibliotheken verfügen über OPACs.

**ÜBUNG 2.4:**

Suchen Sie im Internet die Webseite der Ihnen am nächsten gelegenen Universitätsbibliothek auf und machen Sie sich mit dem Online-Katalog vertraut. Suchen Sie in dem Katalog nach dem Buch „Handbuch Umweltsoziologie", das von Groß herausgegeben wurde und im Jahr 2011 erschienen ist. Ist das Buch in Ihrer ausgewählten Bibliothek vorhanden und derzeit ausleihbar?

**HINWEIS**

Alle Bibliotheken sind anders aufgebaut, haben einen ganz unterschiedlichen Bestand an Büchern, sind ggf. auf bestimmte Fachbereiche spezialisiert, haben unterschiedliche Kooperationen mit Zeitschriften und Verlagen und damit auch unterschiedliche Möglichkeiten, bspw. direkt auf E-Books oder Zeitschriftenartikel online zuzugreifen. Der einfachste Weg, dies herauszufinden, ist, eine Führung in einer (Universitäts-)Bibliothek in Ihrer Nähe mitzumachen. Lassen Sie sich von der Recherche bis zur Fernleihe alles vor Ort erläutern.

**Die digitalen Bibliotheken** der Universitätsbibliotheken bieten ihren Nutzern ein Portal für eine komfortable Recherche nach und in E-Ressourcen, z. B.:

- Zeitschriften (lizenziert für die jeweilige Einrichtung)
- Archive digitalisierter Zeitschriften wie z. B. JSTOR (Journal STORage)
- einzelne Kapitel von Springer E-Books und elektronische Zeitschriftenartikel über SpringerLink

Ein Abrufen der elektronischen Volltexte ist aber nur in Verbindung mit dem jeweiligen Campusnetz der Bibliothek möglich.

Private Hochschulen haben oft Kooperationen mit ausgewählten Datenbanken, sodass auch für (Fern-)Studierende dieser Hochschulen eine umfangreiche Literaturrecherche ermöglicht wird.

**ÜBUNG 2.5:**

a) Suchen Sie online im Karlsruher Virtuellen Katalog (KVK) nach der unten angegebenen Monografie. Recherchieren Sie die fehlende (markierte) Angabe.

Branahl, U. (2013). Medienrecht: eine Einführung. Wiesbaden: **Verlagsname.**

b) Recherchieren Sie zudem im KVK nach dem folgenden Titel und geben Sie die Herausgeber an:

**Titel:** Digitale Gesundheitskommunikation: Zwischen Meinungsbildung und Manipulation

**Herausgeber:**

**Ort/Verlag/Jahr:** Bremen, APOLLON University Press, 2018

**ISBN:** ISBN 978-3-943001-30-3

c) Suchen Sie im KVK nach den folgenden Begriffen **„Umwelt AND Nachhaltigkeit AND Müll"**. Geben Sie das Erscheinungsjahr eines Titels Ihrer Wahl an.

Möglichkeiten, wie Sie im Online-Katalog und im Portal der Universitätsbibliotheken nach Zeitungen und Zeitschriften suchen können, haben Sie bereits kennengelernt. Hier gibt es eine Einschränkung: Es werden Ihnen nur diejenigen Zeitschriften und Zeitungen ausgegeben, die die entsprechende Bibliothek in Papierform besitzt bzw. in elektronischer Form lizenziert hat. So kann es immer vorkommen, dass Sie bei Ihrer Recherche nicht fündig geworden sind und in **Zeitschriftendatenbanken** weiter recherchieren müssen:

- Die *Zeitschriftendatenbank (ZDB)* führt Titel- und Besitznachweise aller Zeitschriften und Zeitungen deutscher Bibliotheken. Neben gedruckten Zeitschriften sind auch elektronische Zeitschriften gelistet: http://www.aon.media/5ao9jm.
- Die *Elektronische Zeitschriftenbibliothek (EZB)* ist ein kooperativer Service, der die Daten wissenschaftlicher Volltextzeitschriften in einer gemeinsamen Datenbank pflegt. In ihr sind alle wissenschaftlichen Zeitungen und Zeitschriften verzeichnet, deren Beiträge elektronisch im Volltext zur Verfügung stehen. Da nicht alle Texte kostenfrei zugänglich sind, können Sie über die EZB die Zugriffsmöglichkeiten einsehen. Dadurch haben Sie die Möglichkeit zu prüfen, ob die gesuchte Zeitschrift in Ihrer Bibliothek frei zugänglich ist.
- Es gibt eine Vielzahl an *Open-Access-Zeitschriften*. Open Access bedeutet, dass die Volltexte der Zeitschriften kostenfrei und öffentlich im Internet zugänglich sind. Dadurch können wissenschaftliche Informationen einem möglichst breiten Publikum leichter zugänglich gemacht werden. Im Bereich der Medizin können Sie sich Open-Access-Zeitschriften über das Directory of Open Access Journals und das Portal Free Medical Journals anzeigen lassen. Natürlich gibt es auch für andere Bereiche diese Möglichkeiten - fragen Sie in Ihrem Fachbereich nach, oft gibt es Listen für geeignete Quellen und Fachzeitschriften.

**ÜBUNG 2.6:**

Was ist unter Open-Access-Literatur zu verstehen? Besuchen Sie zur Beantwortung der Frage die Webseite http://www.aon.media/bdairh. Hier haben Sie auch die Möglichkeit, Zeitschriften nach Fächern zu filtern.

Es gibt zahlreiche fachbezogene Literaturdatenbanken, die einen Nachweis über Publikationen erbringen. Dabei nimmt ihre Anzahl stetig zu. Zu den wichtigsten allgemeinen **Literaturdatenbanken und Online-Plattformen** zählen Google Scholar und Google Books (vgl. Abschnitt Literaturbeschaffung; eine ausführliche Auflistung von [medizinischen] Recherchedatenbanken finden Sie im Downloadcenter).

**ÜBUNG 2.7:**

Besuchen Sie die Meta-Datenbank PubMed und recherchieren Sie folgende Zeitschriftenartikel:

**Titel:** Burnout prevention? A review of intervention programs
**Verfasser:** Awa, W. L.; Plaumann, M.; Walter, U.
**Zeitschrift:** Patient Education and Counseling
**Jahrgang/Volumen:** 78
**Heftnummer:** 2
**Publikationsjahr:**
**Seitenangaben:**

Ergänzen Sie die fehlenden Angaben und geben Sie – unter Nutzung der EZB – an, ob der Volltext der Zeitschrift frei zugänglich ist. Benennen Sie mind. eine Einrichtung, die Zugriff auf die Volltexte dieser Zeitschrift bietet.

**Buchhandelskataloge** ermöglichen Ihnen einen Überblick über die im Buchhandel erhältliche Literatur. Zu nennen sind hier Folgende:

- Über das Verzeichnis lieferbarer Bücher (VLB) (http://www.aon.media/smlz74) können Sie sich über die im Buchhandel erhältliche deutschsprachige Literatur informieren. Sie finden Angaben zu Titel, Autor, Schlagwort, Sachgruppe, Verlag, Erscheinungsjahr und Preis.
- Auch über die Datenbanken von Amazon oder Google Books können Sie suchen und bibliografische Informationen finden. Teilweise ermöglichen sie Ihnen auch einen Blick in das Inhaltsverzeichnis oder stellen elektronische Leseproben zur Verfügung. Wenn Sie sich zum Kauf entscheiden, können Sie Geldbeutel und Umwelt schonen, indem Sie gebrauchte Printausgaben erwerben.

### Literaturbeschaffung

Den zentralen Fundort wissenschaftlicher Literatur, die Bibliothek, haben Sie bereits kennengelernt. Um die Bücher verwenden zu können, sollten Sie sich die recherchierten Bücher ausleihen (sofern sie nicht ausgeliehen und auf die Lesesaalverwendung begrenzt sind) oder Kopien von den wichtigen Seiten anfertigen.

Sind die gewünschten Publikationen in Ihrer Bibliothek nicht vorhanden, dann besteht die Möglichkeit, die gewünschten Werke auf andere Weise zu beschaffen: Sie können Bücher und andere Medien per *Fernleihe* aus einer anderen Bibliothek bestellen. Dieser Vorgang ist kostenpflichtig (ca. 1,50 Euro). In der Regel dauert es ca. zwei bis drei Wochen, bis Sie das Buch in Ihrer Bibliothek abholen können.

Daneben haben Sie als Student die Möglichkeit, sich die Literatur kostenpflichtig liefern zu lassen. Dafür stehen Ihnen Dokumentenlieferdienste wie z.B. Subito zur Verfügung, die einen schnellen und unkomplizierten Dienst anbieten. Darüber hinaus haben Sie die Möglichkeit, Kopien von Artikeln aus Zeitschriften und Büchern zu erstellen und sich diese zusenden zu lassen.

Zudem bieten Ihnen Online-Plattformen wie Google Books die Möglichkeit, einen Blick in Bücher zu werfen oder natürlich das Buch zu kaufen. Hier können Sie Kosten senken, indem Sie die gewünschten Werke gebraucht erwerben.

### 2.1.4 Kritische Auseinandersetzung mit Quellen

In einer wissenschaftlichen Arbeit ist es von besonderer Bedeutung, Material in die Arbeit einzubeziehen, das wissenschaftliche Standards erfüllt. Das bedeutet, dass eine kritische Auseinandersetzung mit Literaturquellen unverzichtbar ist. Diese Beurteilung sollten Sie bereits bei der Recherche vornehmen, damit Sie nicht zu viel Lesezeit verschwenden.

Ein wichtiges Entscheidungskriterium, welche Literatur Eingang in Ihre wissenschaftliche Arbeit finden sollte und welche nicht, liegt in der Frage nach der Zitierfähigkeit und Zitierwürdigkeit. **Zitierfähigkeit** bezieht sich auf die allgemeine Zugänglichkeit von Quellen. Eingeschlossen sind also solche Quellen, die veröffentlicht wurden. Durch die Möglichkeit der Einsichtnahme anderer Wissenschaftler sind sie überprüfbar und somit ist eine Nachvollziehbarkeit der Quelle gewährleistet. Bücher, Beiträge in Sammelwerken und Zeitschriftenartikel erfüllen dieses Kriterium.

Schwieriger ist es bei der sogenannten *grauen Literatur*, also jener Literatur, die nicht über den Buchhandel verfügbar ist. Neben nicht elektronisch publizierten Forschungsberichten fallen hierunter Haus- und Bachelorarbeiten sowie ggf. Lernmaterialien wie Studienhefte, wie Sie sie im Rahmen eines Fernstudiums erhalten. Solche Quellen dürfen in wissenschaftlichen Arbeiten generell nicht zitiert und damit nicht verwendet werden. Allerdings können diese Vorgaben vor allem für Fernstudiengänge variieren – es gilt: Informieren Sie sich im Zweifelsfall in Ihrem Fachbereich über konkrete Regelungen.

Strittig ist die Zitierfähigkeit *mündlicher Aussagen* (Informationen aus Diskussionsrunden, Gesprächen), da diese nicht eindeutig nachvollziehbar sind. Führen Sie aber z. B. ein Interview mit Experten durch, dann stellt dies naturgemäß eine eigene, d. h. keine fremde Quelle dar. Die erhobenen Daten sind schriftlich zu dokumentieren und Ihrer Arbeit beizufügen. Zudem ist die Erhebungsmethodik zu erläutern. Somit ist die Quelle nachvollziehbar und wird zitierfähig. Ebenso verhält es sich mit Befragungen, Experimenten, Beobachtungen etc.

Gerade bei *Internetquellen* sollten Sie einen ganz besonders kritischen Blick bewahren, denn Einträge im Internet sind flüchtig: Das bedeutet, dass die Informationen jederzeit inhaltlich geändert werden können. Darüber hinaus können Internetseiten verschoben oder gelöscht werden und ein Nachprüfen der Quelle kann dadurch unmöglich werden.

> **!** Es ist wichtig, bei der Quellenangabe von Internetquellen im Literaturverzeichnis immer das Abrufdatum anzuführen, den kompletten Link bzw. URL zu der Quelle zu notieren und eine Kopie von dem Text anzufertigen, z. B. durch Drucken als PDF-Dokument oder Speichern eines Screenshots. Damit sind Sie abgesichert, wenn z. B. Ihr Prüfer ein Zitat überprüfen möchte oder der Text in der Zwischenzeit verändert wurde.

Die **Zitierwürdigkeit** einer Quelle ist dann erfüllt, wenn die wissenschaftlichen Qualitätskriterien umgesetzt sind. Dabei ist die Güte der spezifischen Quelle bestimmter Literaturtypen, aber auch die generelle Eignung für das Thema, das Sie gerade bearbeiten, entscheidend:

Nur *bedingt zitierwürdig* sind Schriften der Trivialliteratur, populärwissenschaftliche Bücher sowie Artikel aus der Tageszeitung und Vortragsfolien. Hintergrund ist der, dass in diesen Schriften meist keine Quellen angegeben sind. Das bedeutet, dass vielfach Gedanken und Ergebnisse anderer dargestellt werden, die nicht entsprechend gekennzeichnet sind. Sie können sich also nicht sicher sein, ob es sich bei den gewonnenen Informationen um die Originalquelle handelt, also um die Primärquelle oder die Sekundärquelle. Zudem haben Sie – ohne Quellenangaben und Literaturverzeichnis – keine Anhaltspunkte zum Auffinden der Primärquelle. Darüber hinaus ist die Ermittlung der dargestellten Ergebnisse populärwissenschaftlicher Schriften methodisch häufig nicht einwandfrei bzw. häufig undokumentiert und bildet zudem nicht unbedingt den aktuellen Stand der Forschung ab. Deshalb sollten Sie auf eine Zitation dieser Quellen verzichten. Es sei denn, diese Schriften sind selbst der Untersuchungsgegenstand einer wissenschaftlichen Arbeit oder das Untersuchungsfeld ist noch sehr unerforscht.

Aber auch wissenschaftliche Lehrbücher sind nicht immer zitierwürdig. Hierbei handelt es sich häufig um unspezifische Einführungsliteratur, die einen Überblick über ein Themengebiet liefert, indem Ergebnisse anderer zusammengestellt werden. Nur wenn die Lehrbücher neue Erkenntnisse oder Forschungsergebnisse des Autors enthalten, die zuvor nicht publiziert wurden, sind sie für wissenschaftliche Arbeiten geeignet. Denn nur dann stellen sie die Primärquelle dar. Es ist also bei jeder Quelle kritisch zu prüfen, ob sie die wissenschaftlichen Qualitätskriterien erfüllt und zitierwürdig ist.

> „*Zitierfähigkeit* bezieht sich auf solche Quellen, die veröffentlicht wurden und damit im besten Fall allgemein zugänglich sind. Damit soll sichergestellt werden, dass Quellenangaben nachvollziehbar sind. *Zitierwürdig* ist eine Quelle dann, wenn sie mit dem Thema zu tun hat, methodisch einwandfrei ermittelt wurde und dem aktuellen Stand der Forschung entspricht." (Weber, 2017, S. 104)

Abbildung 2.1 stellt den Grad der Wissenschaftlichkeit unterschiedlicher Zeitschriften gegenüber und lässt Sie einen Einblick in die Unterschiede wissenschaftlicher und nicht wissenschaftlicher Zeitschriften und Zeitungen gewinnen.

| Quellenart | Zeitungen | Publikums-zeitschriften | Fachzeitschriften | Wissenschaftliche Fachzeitschriften |
|---|---|---|---|---|
| Kennzeichen | knappe, aktuelle Berichte, teils mit kurzen Zitaten von Experten | Vergleichbar mit Zeitungen, aber mit reichlich Informationen zum Hintergrund | Geschrieben für Praktiker mit Wissen zum Berufsgebiet | Berichte aus der Forschung für ein wissenschaftliches Zielpublikum |
| Autoren-schaft | meist Journalisten | meist Journalisten | meist Fach-journalisten, Experten und Wissenschaftler | meist Wissen-schaftler und selten Experten aus der Praxis |
| Beispiel | Tagesanzeiger, „Bild"-Zeitung, Süddeutsche Zeitung, Die Welt | ApothekenUmschau, Reisen EXCLUSIV, Homöopathische Nachrichten, Gesund-heit konkret (Zeit-schrift für Mitglieder der BARMER GEK) | Deutsches Ärzteblatt, touristik aktuell | Bundesgesund-heitsblatt, Prävention und Gesundheits-förderung, Das Gesundheits-wesen |

**nicht wissenschaftlich** → **wissenschaftlich**

**Abb. 2.1:** Grad der Wissenschaftlichkeit unterschiedlicher Zeitschriften (vgl. Voss, 2017, S. 94)

Als *nicht zitierwürdig* sind Informationen anzusehen, die zum Allgemeinwissen gehören, oder einschlägige Fachbegriffe Ihres Studiengangs. Auch das freie Internet-Lexikon Wikipedia, das in Gemeinschaftsarbeit durch eine Vielzahl kollektiv arbeitender Internetnutzer erstellt und fortlaufend überarbeitet wird, gilt als nicht zitierwürdig. Es stellt einen guten ersten Einstieg in ein Thema dar – aber leider nicht mehr. Obwohl die inhaltliche Qualität durch verschiedene Vergleichstests belegt ist und die Artikel in der Regel ein Literaturverzeichnis aufweisen, handelt es sich bei Wikipedia um eine Quelle, die als nicht zitierwürdig gilt. Das liegt u. a. an der ständigen Veränderbarkeit der Inhalte von Wikipedia, den fehlenden Qualitätskontrollen durch Fachlektoren, der strittigen Objektivitäts- und Neutralitätsfrage der Artikelinhalte sowie der unklaren Autorenschaft.

**ÜBUNG 2.8:**

Überlegen Sie sich jeweils ein Beispiel:

a) Wann könnte eine populärwissenschaftliche Quelle Untersuchungsgegenstand einer wissenschaftlichen Arbeit werden?

b) Überlegen Sie sich ein Untersuchungsfeld, das noch so unerforscht ist, dass ggf. auf populärwissenschaftliche Literatur zurückgegriffen werden kann.

> „Quellen aus zweiter Hand sollten Sie möglichst vermeiden. Wer weiß schon, was im Original steht und wie es der Mittelsmann falsch verstanden hat oder verwenden wollte, ohne die Primärquelle gelesen zu haben. Verlassen Sie sich nur auf das, was Sie mit eigenen Augen gesehen und mit eigenen Gehirnzellen interpretiert haben." (Weber, 2017, S. 138)

Bei der Bewertung wissenschaftlicher Quellen kann neben inhaltlichen Aspekten auch die Wahrnehmung eines Beitrags durch die wissenschaftliche Gemeinschaft in Form von Zitaten Orientierung bieten. Durch das Lesen von Literaturverzeichnissen werden Sie schnell auf immer wieder zitierte Autoren und Publikationen stoßen, die für das Untersuchungsgebiet einschlägig und damit nicht zu vernachlässigen sind. Eine andere Möglichkeit liefert Ihnen die Datenbank Google Scholar, in der angezeigt wird, wie oft ein bestimmter Beitrag von anderen Wissenschaftlern zitiert wurde.

**ÜBUNG 2.9**

Rufen Sie die Datenbank Google Scholar auf und suchen Sie nach dem im Jahr 2015 publizierten Buch von Nancy K. Baym mit dem Titel „Personal Connections in the Digital Age". Geben Sie an, wie oft das Buch zitiert wurde.

Die in der Checkliste (vgl. Abb. 2.2) zusammengefassten Anhaltspunkte können Ihnen dabei helfen zu prüfen, ob eine Literaturquelle den Qualitätskriterien einer wissenschaftlichen Arbeit entspricht:

**Checkliste: Entspricht meine Literaturquelle wissenschaftlichen Qualitätskriterien?**

- ✓ Ist die Zitierweise korrekt?
- ✓ Sind ausführliche Quellen angegeben (Literaturverzeichnis)?
- ✓ Ist die Argumentation wissenschaftlich?
- ✓ Wurde eine wissenschaftliche Methodik angewandt?
  Wurde das methodische Vorgehen beschrieben?
- ✓ Ist das Werk bei einem anerkannten Verlag publiziert?
- ✓ Werden wissenschaftliche Schlüsselwörter
  (z. B. Methode, Theorie, Diskussion, Studie) im Titel/Untertitel verwendet?
- ✓ Erfolgt eine Bezugnahme auf Forschung und Forschungsergebnisse?
  Bildet die Quelle den aktuellen Stand der Forschung ab?
- ✓ Haben Sie die aktuelle Auflage des Werks vorliegen?
- ✓ Wie ist der wissenschaftliche Sachverstand des Autors/Herausgebers
  (akademischer Titel, Zugehörigkeit zu einer wissenschaftlichen Institution)?
- ✓ Passen die angegebenen Informationen zu dem Thema, das Sie gerade bearbeiten?

**Abb. 2.2:** Checkliste zur Prüfung einer Literaturquelle auf Wissenschaftlichkeit

## Zusammenfassung

In diesem Kapitel wurde Ihnen ein Überblick über die wissenschaftliche Literaturrecherche und die Notwendigkeit einer kritischen Auseinandersetzung mit Literaturquellen gegeben. Die Literaturrecherche ist ein wichtiger Bestandteil Ihres Studiums und, falls Sie eigenständig publizieren wollen, darüber hinaus. Die Auswahl und Verwertung wissenschaftlicher Literatur sind bei der Erstellung wissenschaftlicher Arbeiten, aber auch bei der Vorbereitung auf Klausuren unerlässlich.

Die Recherche beginnt immer mit der klaren Festlegung des Rechercheziels, dem Auffinden eines Ausgangspunkts der Recherche und einer Suchstrategie. Für die Literatursuche stehen Ihnen umfangreiche Recherchemöglichkeiten zur Verfügung, z. B. Datenbankkataloge, Bibliothekskataloge oder -portale, Zeitschriftendatenbanken und Literaturdatenbanken, Buchhandelskataloge sowie Internet-Suchmaschinen und Linksammlungen. Die Recherche kann über Suchfelder erfolgen, wobei Boolesche Operatoren die Kombinationen zweier oder mehrerer Begriffe und Trunkierung das Abkürzen von Suchbegriffen ermöglichen.

Für wissenschaftliche Arbeiten ist es absolut notwendig, sich mit der recherchierten Literatur kritisch auseinanderzusetzen und zu prüfen, ob die Quellen den wissenschaftlichen Standards entsprechen: Die Zitierfähigkeit und Zitierwürdigkeit der Quelle müssen erfüllt sein. Dabei bezieht sich die Zitierfähigkeit auf die allgemeine Zugänglichkeit von Quellen zur Nachvollziehbarkeit. Als zitierwürdig ist eine Quelle dann anzusehen, wenn die Informationen zu dem Thema, das Sie gerade bearbeiten, inhaltlich passen, die Erkenntnisse dem aktuellen Stand der Forschung entsprechen und die Quelle die wissenschaftlichen Qualitätskriterien erfüllt.

Kennzeichnend für eine wissenschaftliche Arbeit ist, dass sie für Fremde nachvollziehbar und überprüfbar ist. Die von Ihnen verwendeten Quellen müssen also lückenlos dokumentiert werden und Ihre eigenen Gedanken müssen klar von fremden Gedanken unterscheidbar sein. Anderenfalls handelt es sich um geistigen Diebstahl, um ein Plagiat (vgl. Kap. 3.1).

## Aufgaben zur Selbstüberprüfung

**HINWEIS**

Die Aufgaben zur Selbstüberprüfung können Sie auch interaktiv online bearbeiten. Folgen Sie dazu diesem Link: http://www.aon.media/wv66xa oder scannen den QR-Code.

**AUFGABE 2.1:**

Sie sollen eine Hausarbeit zum Thema „Ökonomische Aspekte der integrierten Versorgung" verfassen. Sie beginnen mit der Recherche geeigneter Literatur. Beurteilen Sie die folgenden Optionen bei der Recherche:

1. Bibliothekskatalog einer Universität
2. Befragung eines Verwandten zu der Thematik
3. unter Wikipedia nach dem Thema suchen
4. einfach googeln

**AUFGABE 2.2:**

Was verstehen Sie unter den Begriffen Zitierfähigkeit und Zitierwürdigkeit? Geben Sie ein Beispiel für eine nicht - oder nur in Sonderfällen - zitierfähige Quelle oder ein Beispiel für eine nicht - oder nur in Sonderfällen - zitierwürdige Quelle.

**AUFGABE 2.3:**

Welche Möglichkeiten haben Sie, Bücher und/oder Zeitschriftenartikel zu beziehen, wenn diese nicht in einer Bibliothek Ihrer Umgebung vorhanden oder auch online nicht verfügbar sind?

## 2.2 Texte lesen und verstehen

Lesen ist wichtiger Bestandteil jedes Studiums; von Inhalten, die extra auf das Studium ausgelegt sind (wie Studienhefte der Fernlehre), bis hin zu wissenschaftlicher Fachliteratur, z.B. Fachbücher und Zeitschriftenartikel; sei es zur Vorbereitung auf Seminare oder in Eigenrecherche für Haus- oder Abschlussarbeiten. Im letzten Fall ist es wichtig, zwischen verschiedenen Texten auszuwählen und die für Sie relevanten Informationen aus den Texten herauszuarbeiten.

Das Lesen stellt die wichtigste und zeitaufwendigste Aktivität für den Wissensaufbau und -erwerb dar. Aus diesem Grund ist es nicht nur sinnvoll, sondern auch wichtig, sich mit der Aktivität des „Lesens" näher zu befassen, um ein richtiges Verhältnis von Aufwand und Ertrag zu schaffen. Dabei sollen Methoden und Verfahren im Vordergrund stehen, durch die Sie den Ertrag des Lesens erhöhen können: zur Steigerung Ihrer Aufnahmefähigkeit der Informationen der Textinhalte und zur Förderung Ihrer Texterschließungskompetenz. Denn wenn Sie gezielt und mit einer verbesserten Konzentrationsfähigkeit lesen, sparen Sie Zeit und Energie.

### 2.2.1 Besonderheiten wissenschaftlicher Texte

Das Lesen wissenschaftlicher Texte unterscheidet sich von dem Lesen von Romanen, Zeitungen und anderer Lektüre. Im Gegensatz zur Trivialliteratur, die mit Entspannung und Unterhaltung einhergeht, dient wissenschaftliche Literatur vorrangig der Wissenserweiterung und ist dementsprechend meist schwerer zu lesen und zu verstehen.

Wissenschaftliche Texte verdichten eine Vielzahl an Informationen, die verarbeitet werden müssen. Dadurch bedarf das Lesen von Texten im Rahmen eines wissenschaftlichen Studiums einer aktiven Auseinandersetzung mit dem Text: Sie müssen, nachdem Sie das Gelesene verstanden haben, in einem ersten Schritt die wesentlichen Inhalte des Textes identifizieren. Im zweiten Schritt werden die identifizierten Inhalte bewertet und gewichtet. Abschließend wird entschieden, ob Sie die ausgewählten Informationen behalten und verarbeiten oder verwerfen. Dieser Prozess erfordert hohe Konzentration, wobei es normal ist, dass Ihre Konzentration sinkt, wenn Sie zu lange lesen. Dann sollten Sie sich nicht weiter in Ihren Text „verbeißen“ und sich zum Weiterlesen zwingen, sondern sich eine Pause gönnen. Ansonsten verlieren Sie Zeit und Energie.

> Um den gewünschten und für ein Studium erforderlichen Wissensaufbau zu unterstützen, müssen Sie nicht nur die richtigen Informationen lesen (Effektivität), sondern Sie müssen diese auch richtig (Effizienz) lesen und sich systematisch mit ihnen auseinandersetzen.

Herkömmliche Lesetechniken, bei denen ein Text gleichmäßig von vorn bis hinten gelesen wird, sind daher weniger gut geeignet, um sich wissenschaftliche Lektüre ausreichend zu erschließen und sich neben einem guten Faktenwissen auch ein gutes Verständnis für die zentralen Aussagen des Textes aufzubauen. Neben verschiedenen Lesearten, die Sie bei der Bearbeitung wissenschaftlicher Lektüre anwenden können, ist es wichtig, sich richtig auf das Lesen vorzubereiten. Wie Sie sich die optimalen Arbeitsbedingungen für das Lesen schaffen können, soll Ihnen im Folgenden vermittelt werden.

### 2.2.2 Vorbereitung auf das Lesen

Bevor Sie beginnen, Ihre wissenschaftliche Lektüre zu lesen, bietet es sich an, einige *Vorbereitungen* zu treffen. Im folgenden Teil werden Sie Anregungen kennenlernen, mit deren Hilfe Sie Ihre Lesetätigkeit effektiver und effizienter gestalten können. Probieren Sie die Tipps und Methoden aus, um so eine eigene Technik zu finden und zu erproben, die Ihren individuellen Anforderungen entspricht. Neben der Auswahl eines geeigneten Leseortes und einer passenden Uhrzeit, bei der Ihre Leistungs- und Konzentrationsfähigkeit auf einem guten Niveau und zudem mit wenig Unterbrechungen zu rechnen ist, sollten Sie auch eine richtige Sitzhaltung einnehmen; eine falsche Körperhaltung kann neben Schmerzen auch mangelnde Konzentration nach sich ziehen.

Neben diesen Rahmenbedingungen hat die Selbststeuerung eine besondere Bedeutung für den Wissenserwerb beim Lesen:

> „Als Leser können Sie den gesamten Leseprozess beeinflussen, indem Sie Ihre geistigen Tätigkeiten beim Lesevorgang steuern." (Stickel-Wolf, 2011, S. 18)

Die Selbststeuerung umfasst unterschiedliche Strategien, die im Weiteren beleuchtet werden.

Beginnen Sie Ihren Lesevorgang, indem Sie sich zunächst eine klare **Zielsetzung** bzw. ein Leseziel definieren. Durch die Bestimmung eines Leseziels erreichen Sie eine gezielte und systematische Auseinandersetzung mit den Inhalten Ihres Lesetextes.

**BEISPIEL 2.3**

Ihr Leseziel könnte z. B. sein, einen Überblick über einen wissenschaftlichen Text zu gewinnen oder bestimmte Informationen eines Abschnitts zu selektieren, die Ihnen bei der Lösung eines konkreten Problems (z. B. einer Prüfungs- oder Fallaufgabe) helfen sollen.

Bei der **Bestimmung Ihres Leseziels** können folgende Fragestellungen helfen:

- Welche Informationen soll mir das Lesen liefern?
- Wofür lese ich den Text (Studium/privat)?
- Welcher Abschnitt ist für mich wichtig?
- Welche Standpunkte, Ideen oder Erkenntnisse möchte ich kritisch prüfen?
- Wie viel Zeit kann ich gerade investieren?

Eine Vertiefung der Lesevorbereitung erfolgt dadurch, dass Sie spezifische **Fragen an den Text** stellen; Fragen, die Ihnen helfen, den Text gezielter zu lesen.

Durch diese Form der Lesevorbereitung aktivieren Sie Ihr Vorwissen und erzeugen Neugier auf den Text. Die folgenden Fragestellungen und Tipps helfen Ihnen dabei:

- Was weiß ich schon über das Thema? Formulieren Sie Ihre Einfälle und Ideen zum Thema bzw. zu einzelnen Textstellen.
- Habe ich in einem anderen Zusammenhang bereits von dem Thema gehört bzw. gelesen?
- Welche Begriffe werden in dem Text verwendet, erläutert und erklärt?
- Welche Informationen benötige ich, um in der Prüfung gut abzuschneiden?

Das Stellen von Fragen an den Inhalt des Textes und an das eigene Vorwissen (Was weiß ich schon über das Thema?) ermöglichen es, „alte" und „neue" Informationen miteinander zu verbinden. Dadurch fügen Sie dem Text Informationen hinzu, die er nicht explizit enthält. Sie reichern den Text also an. Durch diese Methode (Elaboration) wird das Behalten neu gewonnener Informationen durch die aktive Arbeit am Text gefördert.

Ein weiterer Vorbereitungsschritt ist die **Planung des Bearbeitungsaufwands**. Hierbei sollten Sie einbeziehen, dass es sinnvoll ist, sich über einen längeren Zeitraum (empfohlen sind hier 1,5–2 Stunden) mit einer Lektüre zu beschäftigen, um sich wirklich in das Thema vertiefen zu können. Die effektive Wissensaneignung erfolgt innerhalb der ersten 90 Minuten einer Lernsequenz; danach flacht die Kurve hinsichtlich der Menge des verarbeiteten Wissens ab. Von diesen 90 Minuten werden ungefähr 10 Minuten für das Erreichen der vollen Konzentrationsfähigkeit verbraucht. Sie sollten deshalb nicht nur allgemein Zeit „freischaufeln", sondern möglichst zusammenhängende Zeitabschnitte, die Ihnen den Eintritt in die Phase der vollen Konzentration erlauben.

Für die Bearbeitung wissenschaftlichen Materials benötigt jeder unterschiedlich viel Zeit, was Sie für sich persönlich einschätzen lernen sollten. Sollte es für das Studienmaterial an Ihrer Universität diesbezüglich Richtwerte geben, denken Sie daran, dass es sich um Schätzungen des Zeitaufwands handelt, die Orientierungshilfe geben sollen. Die tatsächliche Bearbeitungszeit hängt stark von dem eigenen Vorwissen, den Inhalten und dem Verständnis des jeweiligen Stoffs ab und kann je nach Modul oder Thema variieren. Wie auch immer Sie Ihre Zeitplanung en détail gestalten, vergessen Sie dabei keinesfalls, auch Pausen mit einzurechnen.

Wie Sie sicher aus eigener Erfahrung bereits wissen, hat der Schwierigkeitsgrad eines Textes Einfluss auf die Lesegeschwindigkeit. Dabei spielt vor allem die Vertrautheit mit den Inhalten eines Textes eine Rolle. Deshalb werden Sie zu Beginn Ihres Studiums u. U. noch sehr langsam lesen (und die Richtzeiten nicht erreichen) – was Sie aber nicht irritieren sollte. Darüber hinaus hängt die Lesegeschwindigkeit auch von Ihrer Konzentrationsfähigkeit ab: Zu Beginn einer Lernperiode werden Sie wahrscheinlich zügiger den Inhalt aufnehmen als gegen Ende. Gutes Lesen hängt immer mit der Qualität der Informationsverarbeitung zusammen. Wer zielgerichtet liest und mit dem Stoff vertraut ist, verarbeitet die Inhalte schneller und liest demzufolge auch schneller. Hilfreich ist auch, im Vorfeld mögliche Schwierigkeiten des Textes (z. B. durch Fremdsprache und spezielle Fachbegriffe) abzuschätzen. Schwierigkeiten dieser Art können Sie entgegenwirken, indem Sie sich Wörterbücher, Lexika etc. zur Seite legen und überlegen, wen Sie im Bedarfsfall fragen könnten. Weitere Tipps zum Vorgehen bei Verständnisfragen finden Sie in Kapitel 2.2.4.

### 2.2.3 Lesetechniken

Nun haben Sie die Lesevorbereitung abgeschlossen, d.h. Sie haben einen bestimmten Text ausgewählt, den Sie gern lesen möchten und Ihre Fragestellungen vorbereitet. Um das Leseziel zu erreichen, gibt es eine Vielzahl an Techniken, die in Abhängigkeit von Ihrer Zielsetzung und der Fragestellung an die Lektüre zu wählen sind. Im Folgenden sollen Ihnen drei grundsätzliche Möglichkeiten des Lesens (Lesetechniken bzw. Lesestile) vorgestellt werden, die sich hinsichtlich der Intensität des Lesens und der Art und Weise unterscheiden, wie beim Lesen auf einen Text zugegriffen wird. Sie können je nach Textart und Leseziel miteinander kombiniert werden:

- selektives Lesen (auch: punktuelles Lesen)
- diagonales Lesen
- studierendes Lesen

Beim **selektiven Lesen** filtert der Leser den Text nach ihn interessierenden Informationen oder Argumenten und entnimmt nur einzelne Bruchstücke. Geeignet sind hier Abschnitte wie die Einleitung und Zusammenfassung, aber auch das Inhaltsverzeichnis, Literaturverzeichnis sowie Abbildungen und Tabellen mit ihren Legenden. Das Lesetempo variiert dabei stark, da Unwichtiges überflogen werden kann und bei Relevantem die Geschwindigkeit reduziert werden muss, um den Text genau erfassen zu können. Hierbei ist ein hoher Konzentrationsgrad wichtig.

Beim **diagonalen Lesen** wird der Text sozusagen überflogen bzw. gesichtet. Sie verschaffen sich einen Überblick über den Text und verfolgen dabei das Ziel, die Grundzüge und wichtigsten Inhalte des Textes (Schlüsselwörter) schnell zu identifizieren. Hierbei kann es auch zu einem Anlesen des Textes kommen, wenn Sie z.B. auf eine interessante Stelle im Text stoßen oder aber eine gezielte Information aus dem Text gewinnen wollen. Das diagonale Lesen dient insbesondere dazu, zu entscheiden, ob der Text später intensiv gelesen werden sollte. Die Methode bietet sich aber auch an, wenn Sie aus einer Vielzahl wissenschaftlicher Literaturquellen Texte von besonderem Interesse selektieren wollen. Hier ist es sinnvoll, sich den Autor und Titel der Arbeit genauer anzusehen. Zudem kann das diagonale Lesen, gerade bei längeren und komplexen Texten, einen Beitrag zum Textverständnis leisten, indem Sie sich zunächst einen Überblick über Inhalte und Struktur des Textes verschaffen und dann die entscheidenden Texte danach intensiv lesen. Ziel des diagonalen Lesens ist auch, die Textstellen, die Antworten auf Ihre anfangs gestellten Fragen geben können, aufzufinden und festzulegen. Dabei werden auch erste Markierungen und Unterstreichungen (vgl. Kap. 2.3.1) vorgenommen.

> **!** Beim diagonalen Lesen geht es darum, zügig über den Text zu lesen und die wesentlichen Begriffe, Schlüsselwörter und wichtigen Sätze zu selektieren; aber auch darum, Inhalt und Struktur des Textes in groben Zügen zu erfassen. Wenn Sie dabei auf schwierige Textstellen stoßen, die Sie nicht vollständig verstehen, sollten Sie zunächst weiterlesen und die schwierigen Stellen in einem zweiten Durchgang klären. Dabei ist es von Vorteil, dass Sie den größeren Zusammenhang des Textes bereits kennen.

Versuchen Sie bei dieser Lesetechnik Antworten auf die in Abbildung 2.3 formulierten Fragen zu finden.

**Leitfragen: diagonales Lesen**

- ✓ Welche Textstellen sind für das Verständnis des ganzen Textes oder auch für das Verständnis bestimmter Begriffe, Thesen oder Argumente von besonderer Bedeutung?
- ✓ Wie viele der dargestellten Informationen sind mir bekannt?
- ✓ Welcher Abschnitt bzw. welche Seite bringt mich im Hinblick auf meine Zielsetzung bzw. Fragestellung weiter?
- ✓ Was kann zunächst übergangen werden? Was ist überflüssig?

**Abb. 2.3:** Leitfragen für das diagonale Lesen

Eine Form des diagonalen Lesens ist das Speed Reading. Hierbei werden die Augenbewegungen trainiert, damit Sie nicht Wort für Wort, sondern mehrere Wörter bzw. ganze Zeilen oder Absätze gleichzeitig lesen können. Ziel ist, den Text schneller zu verstehen, ohne dabei Informationen zu verlieren. Diese Technik eignet sich, um Texte zu überfliegen, ersetzt aber nicht das gründliche Lesen wissenschaftlicher Texte.

Gerade beim wissenschaftlichen Arbeiten werden Texte systematisch und vertieft analysiert. Die Methodik **des studierenden Lesens** bietet sich hier an, wenn Sie z. B. einzelne Kapitel zur gleichen Thematik aus unterschiedlichen Büchern, Zeitschriftenartikeln etc. lesen und miteinander vergleichen. Diese sollten Sie in überschaubare „Happen" von nicht mehr als 20 bis 30 Seiten unterteilen, die Sie sich gezielt vornehmen. Wenn Sie zunächst mit kleineren Abschnitten arbeiten, können Sie – anders als wenn Sie sich sofort sehr große Texte vornehmen und dann lange nicht ans Ziel kommen – Ihre Motivation steigern, da Sie die Abschnitte mit Erfolg durcharbeiten.

Studierendes Lesen, d. h. gezieltes Lesen, erfordert ein aktives Vorbereiten auf die Lektüre (vgl. Kap. 2.2.2). Deshalb sollten Sie regelmäßig Lesepausen machen, die Sie nicht nur zum Verarbeiten des Gelesenen und zur aktiven Auseinandersetzung mit dem Lesestoff nutzen, sondern auch, um Ihre Konzentrationsfähigkeit zu erhalten. Denn diese ist beim aktiven Lesen besonders gefragt, da es durch ausführliches, gründliches und systematisches Vorgehen gekennzeichnet ist: Sie denken intensiv mit, erarbeiten sich die Inhalte und markieren die bedeutenden, aber auch unverstandenen Stellen des Textes. Wenn z. B. eine (kritische) Frage zum Lesetext aufkommt, dann notieren Sie sich diese. Beim studierenden Lesen können Sie die in Abbildung 2.4 aufgeführten Leitfragen verwenden.

**Leitfragen: studierendes Lesen**

- ✓ Wer ist der Autor oder die herausgebende Institution?
- ✓ Welches Thema behandelt der Text und mit welcher Zielsetzung, Fragestellung, Hypothese?
- ✓ Was weiß ich schon von dem Thema und was will ich wissen?
- ✓ Welcher Aspekt des Textes ist für mich wichtig? Welche Informationen erwarte ich von dem Text?
- ✓ Welchen Bezug hat dieser Text zu meinem Thema?
- ✓ Welche Schlussfolgerungen zieht der Autor?

**Abb. 2.4:** Leitfragen für das studierende Lesen

**ÜBUNG 2.10:**

Überfliegen Sie den nachfolgenden Textausschnitt zuerst mit einer Schnelllesetechnik, um einen ersten Eindruck über das Thema „Flüchtlingsmigration in Deutschland" zu gewinnen. Gehen Sie dann an die eigentliche Lektüre und arbeiten Sie den Text konzentriert durch. Wählen Sie sich zwei der Leitfragen zum studierenden Lesen aus, die Sie im Anschluss beantworten.

## Einleitung

Das 21. Jahrhundert ist ebenso von einer Flüchtlingsära geprägt wie bereits schon das 20. Jahrhundert. Hatte es im Jahr 2004 noch den Anschein, als würden die Flüchtlingszahlen rückläufig sein,[1] so sind ca. zehn Jahre später, im Jahr 2015, mehr als 60 Mio. Menschen weltweit auf der Flucht.[2] [...]

Als Ursachen für die dramatisch ansteigenden Flüchtlingszahlen sind verschiedene Gründe anzuführen. Diese reichen von zwischenstaatlichen Kriegen, militärischen Interventionen bis hin zu innerstaatlichen ethnischen oder anderen zivilen Konflikten. Die von Militär oder religiös geprägten Diktaturen sind gekennzeichnet durch Repressionen,[8] Folter und systematische Vertreibungen. Weitere Gründe sind verzweifelte Armut, Hunger, Umweltkatastrophen sowie fehlende Lebensperspektiven.[9] [...]

Die Verteilung der Flüchtlinge innerhalb Deutschlands erfolgt nach dem sogenannten *Königsberger Schlüssel*. Das bedeutet, die Aufnahme von Flüchtlingen je Bundesland richtet sich nach den Steuereinnahmen (2/3 Anteil bei der Bewertung) und der Bevölkerungszahl (1/3 Anteil bei der Bewertung).[17] Die Verteilungsquote für das Land Hessen lag im Jahr 2015 bei 7,32 %.[18] Somit hat das Land Hessen, an dem diese Untersuchung exemplarisch erfolgt, im Jahr 2015 insgesamt 79.788 Flüchtlinge aufgenommen und untergebracht.[19]

Mit der Aufnahme von Flüchtlingen in dieser Größenordnung wird das deutsche Gesundheitssystem, insbesondere auch die gesundheitliche Versorgung im Land Hessen, vor eine große Herausforderung gestellt. So ist in kürzester Zeit eine medizinische Versorgung für die Flüchtlinge in den Erstaufnahmeeinrichtungen sowie später für die Asylberechtigten nach Unterbringung in den jeweiligen Kommunen sicherzustellen. Zum einen kommen die Flüchtlinge aus Ländern mit einer unzureichenden medizinischen Versorgung und zum anderen tragen die gesundheitlichen Belastungen und unzureichenden hygienischen Verhältnisse der Flucht zusätzlich zu diesen Herausforderungen bei.[20]

1 vgl. Düvell, 2011, S. 29
2 vgl. UNHCR, 2015a
8 vgl. Düvell, 2011, S. 30
9 vgl. Gillen, 2016, S. 44
17 vgl. BAMF, o. J.b.
18 vgl. BAMF, 2016a, S. 16
19 vgl. Land Hessen, 2016b, S. 6
20 vgl. Leopoldina, 2015, S. 1

Ausschnitt aus: Peseke, M. (2018). *Flüchtlingsmigration in Deutschland: Herausforderung an die medizinische Versorgung*. Bremen: APOLLON University Press.

Anbei wollen wir die unterschiedlichen Lesetechniken und Lesestile miteinander vergleichen. Dafür ziehen wir die Kriterien Dauer, Vorwissen, Leseinteresse und Konzentrationsgrad heran, die in Tabelle 2.3 gegenübergestellt werden.

**Tab. 2.3:** Vergleich der Lesetechniken und Lesestile (vgl. Voss, 2017, S. 107)

| Lesetechnik | selektiv (punktuell) | diagonal | studierend |
|---|---|---|---|
| Lesedauer | variabel, schnell, intensiv | schnell | intensiv |
| Vorwissen | mittel bis hoch | gering bis mittel | mittel bis hoch |
| Leseinteresse | mittel bis hoch | egal | hoch |
| Konzentrationsgrad | hoch | mittel | sehr hoch |

Grundsätzlich gilt der folgende Merksatz:

> „Wenn es sich überhaupt lohnt, einen Text zu lesen, so lohnt es sich, ihn mehrfach zu lesen." (Brun; Hadorn, 2014, S. 32)

Es ist sinnvoll, die verschiedenen Lektüredurchgänge unterschiedlich zu gestalten und miteinander zu kombinieren. Formulieren Sie unterschiedliche Etappenziele: Ist es z. B. Ihr Ziel, ein ganzes Studienheft durchzuarbeiten, so ist es sinnvoll, den Text zunächst selektiv, dann einzelne Kapitel diagonal und abschließend studierend zu lesen.

Eine kombinierte Lesetechnik stellt die PQ4R-Methode dar, die sich insbesondere als Lesemethode für wissenschaftliche Texte eignet. Ihr zentrales Merkmal ist das Generieren und Beantworten von Fragen zum Text. Ihr Name leitet sich aus den (englischen) Anfangsbuchstaben ihrer sechs Phasen ab: *Preview, Question, Read, Reflect, Recite, Review*. Die Schritte der PQ4R-Methode sind in Abbildung 2.5 dargestellt.

**PQ4R-Methode**

**1. Schritt: Preview (Vorprüfung)**

Der Text wird „quergelesen“, d. h. alle Kapitel werden überflogen. Das Querlesen soll einen Überblick über das Thema des Textes, die Gliederung der Kapitel bzw. die Abschnitte und Überschriften gewähren. Falls noch keine Überschriften vorhanden sind, soll der Leser selbst Überschriften für die einzelnen Abschnitte formulieren. Man kann dabei schnell erkennen, ob ein Text den grundlegenden Erwartungen genügt.

**2. Schritt: Questions (Fragen)**

Nun sollen Fragen zu den kategorisierten Abschnitten formuliert werden. Häufig reicht eine Umformulierung der Abschnittsüberschriften, um eine passende Frage zu stellen.

**3. Schritt: Read (Lesen)**

Im dritten Schritt wird der Text sorgfältig gelesen und die Fragen werden beantwortet. Zudem werden wichtige Passagen markiert und zusätzlich auftretende Fragen zum Text notiert. Prägnante Zeichen können unterstützend wirken.

**4. Schritt: Reflect (Nachdenken)**

In dieser Phase wird der Text gedanklich noch mal durchgegangen und analysiert, um ihn richtig zu verstehen. Die Suche nach zusätzlichen, nützlichen Beispielen für bestimmte Zusammenhänge kann helfen, bessere Bezüge zum Text herzustellen.

**5. Schritt: Recite (Wiedergeben)**

Hier kann man den Text beiseitelegen und sich an die Informationen erinnern. Es wird versucht, die gestellten Fragen ohne Rückgriff auf den vorliegenden Text zu lösen. Nur wenn Probleme bei der Beantwortung entstehen, sollten die entsprechenden Abschnitte noch mal durchgelesen werden. Ein schriftliches Festhalten kann die Behaltensquote steigern.

**6. Schritt: Review (Rückblick)**

Im letzten Schritt werden die zentralen Gesichtspunkte noch mal in Erinnerung gerufen. Eventuell können auch die gestellten Fragen erneut beantwortet werden. Es sollte auch beurteilt werden, ob weitere wissenschaftliche Texte zu recherchieren sind oder ob bestehende Lücken geschlossen werden konnten.

**Abb. 2.5:** Die sechs Schritte der PQ4R-Methode (vgl. Voss, 2017, S. 106)

**ÜBUNG 2.11:**

Auch längere Texte wie komplette Fachbücher (oder Kapitel darin) können anhand von kombinierten Lesetechniken gelesen werden. Nehmen Sie sich eines zur Hand und etwa eine Viertelstunde Zeit. Überfliegen Sie die folgenden Teile:

- Inhaltsverzeichnis
- Einleitung
- evtl. vorhandene Kapitelzusammenfassungen
- Schlussbetrachtung
- Sachwortverzeichnis

Blättern Sie anschließend durch das gesamte Buch, lesen Sie an manchen Stellen einige Zeilen oder Absätze und konzentrieren Sie sich dabei insbesondere auf die Einleitung und die Schlussbetrachtung. Notieren Sie anschließend Ihre Sicht auf den Inhalt und vergleichen Sie Ihre Sicht mit dem von Ihnen wahrgenommenen Inhalten nach einer tiefergehenden Lektüre.

### 2.2.4 Allgemeines Vorgehen bei Verständnisproblemen

Beim Lesen werden immer auch Verständnisschwierigkeiten auftreten, z. B. durch Wörter, die in einer für Sie unerwarteten und ungebräuchlichen Weise verwendet werden oder Ihnen unbekannt sind (Fach- und Fremdwörter), oder aber durch einen abstrakten Schreibstil des Autors.

Grundsätzlich sollten Sie Ihren Lesevorgang nicht zu häufig unterbrechen, z. B., um sich bei Verständnisschwierigkeiten mit einzelnen Textpassagen zu beschäftigen. Dadurch verlangsamen Sie Ihr Lesetempo, was zu Abschweifungen und nachlassender Konzentration führen kann. Schreiben Sie sich das Problem auf, z. B. durch eine Notiz im Text oder einen Eintrag im Notizbuch, und verschieben Sie es auf später: Vielleicht haben Sie Glück und Ihr Verständnisproblem klärt sich im Kontext des größeren Textzusammenhangs, der sich Ihnen erschließt, wenn Sie weiterlesen. Im Gesamtkontext wird der unverstandene Teil oft schon klarer.

Für die unterschiedlichen Arten von Verständnisproblemen gibt es spezifische Maßnahmen, die weiterhelfen:

- **unbekannte Wörter, unvertraute Bedeutung:** In wissenschaftlichen Texten werden Ihnen Ausdrücke begegnen, die Sie nicht kennen oder die in einer für Sie ungewohnten Bedeutung verwendet werden. Schlagen Sie die Wörter nach: Nutzen Sie dafür fachspezifische Nachschlagewerke.
- **fremdsprachige Texte**: Hier ist die Verwendung von frei verfügbaren Online-Wörterbüchern und Übersetzungs-Tools zu empfehlen.
- **Mehrdeutigkeit:** Sprachliche Ausdrücke können in unterschiedlicher Bedeutung Verwendung finden. Die Bedeutung erschließt sich meist durch den inhaltlichen Zusammenhang. Falls dies nicht der Fall ist, sollten Sie im Kontext gezielt nach Hinweisen suchen: Welche anderen Ausdrücke werden in diesem Kontext von dem Autor verwendet?
- **Interpretationsprobleme:** Erzählen Sie jemandem in Ihrem Umfeld von Ihrem Problem oder schildern Sie das Problem im Studienforum. Versuchen Sie dabei, das Problem im Einzelnen zu erklären. So bekommen Sie entweder direkt die Lösung oder zumindest Anregungen zum weiteren Vorgehen.

## Zusammenfassung

In diesem Kapitel haben Sie gelernt, dass Sie die zentralen Inhalte eines Textes nicht nur effektiv, sondern auch effizient lesen müssen, um den gewünschten und für Ihr Studium erforderlichen Wissensaufbau zu unterstützen und Ihren Leseerfolg zu erhöhen.

Durch die Vorbereitung auf den Leseprozess lässt sich eine Steigerung Ihres Interesses und Ihrer Aufmerksamkeit an den Leseinhalten erzielen. Durch die Definition eines klaren Leseziels führen Sie eine gezielte und systematische Auseinandersetzung mit den Inhalten Ihres Textes herbei. Durch das Stellen von Fragen an den Text lässt sich Ihr Vorwissen aktivieren und Sie erzeugen Neugierde auf den Text. Aber auch die Planung des Bearbeitungsaufwands ist ein wichtiger Schritt bei der Vorbereitung auf den Leseprozess.

Je nach Zielsetzung, Umfang des Textes und Ihrem persönlichen Vorwissen lassen sich drei grundsätzliche Lesetechniken (Lesestile) differenzieren: selektives, diagonales und studierendes Lesen. Sie unterscheiden sich nach der Intensität des Lesens und können miteinander kombiniert werden.

### Aufgaben zur Selbstüberprüfung

**HINWEIS**

Die Aufgaben zur Selbstüberprüfung können Sie auch interaktiv online bearbeiten. Folgen Sie dazu diesem Link: http://www.aon.media/z67u97 oder scannen den QR-Code.

**AUFGABE 2.4:**

Welche Bedeutung hat die Selbststeuerung vor dem Lesen für den Wissenserwerb?

**AUFGABE 2.5:**

Warum ist die Einschätzung des Bearbeitungsaufwands ein wichtiger Schritt bei der Vorbereitung auf den Leseprozess?

**AUFGABE 2.6:**

Wie unterscheiden sich selektives, diagonales und studierendes Lesen?

**AUFGABE 2.7:**

Was sehen Sie als zentrales Merkmal der PQ4R-Methode?

## 2.3 Texte erarbeiten

Bereits wenige Tage, nachdem Sie Ihr Studienheft oder andere Publikationen gelesen haben, ist Ihre Erinnerung an die Inhalte der gelesenen Texte in der Regel meist verblasst. Aus diesem Grund ist es ratsam, die gelesenen Texte in irgendeiner Form zu erfassen bzw. das Gelesene festzuhalten. Hierfür gibt es verschiedene Möglichkeiten der Hervorhebung, z. B. Unterstreichungen, Markieren (Highlighten), Zeichen/Symbole und Notizen. Diese können im Text, am Textrand, auf Post-its, Zetteln, Notizblöcken oder Karteikarten angebracht werden. Um die gewonnenen Informationen festzuhalten, stehen Ihnen aber auch technische Hilfsmittel zur Verfügung. Sie bieten im Vergleich zu handschriftlichen Notizen Vor-, aber auch Nachteile.

Gewöhnen Sie sich an, immer Stift und Zettel (möglichst Notizblock) und evtl. Post-its zur Hand zu haben, wenn Sie Ihre Studienhefte durcharbeiten oder andere wissenschaftliche Texte lesen.

### 2.3.1 Textaufbereitung

Durch das Bearbeiten von Texten anhand von Unterstreichungen, Hervorhebungen, Symbolen oder dem Anbringen von Notizen unterstützen Sie die Arbeit Ihres Gedächtnisses. Zudem erleichtern Sie sich die systematische Nachbearbeitung der von Ihnen gelesenen Texte. Hierdurch reduzieren Sie Ihren Text und schaffen sich eine Grundlage für das Erstellen von Zusammenfassungen in Form von Exzerpten und grafischen Darstellungen (vgl. Kap. 3.2), aber auch für Gliederungen.

**HINWEIS**

Ein Exzerpt ist ein Auszug, der von einer Quelle angefertigt wird und auf dem nur die wichtigsten Textinhalte vermerkt sind (vgl. Kap. 3.2.1).

Auch wenn Sie bereits ein eigenes, individuelles System entwickelt haben, um das Gelesene festzuhalten, probieren Sie dennoch die folgenden Arbeitstechniken und Tipps aus. Vielleicht helfen sie dabei, Ihre eigene Arbeitstechnik zu optimieren oder es hilft Ihnen, eine neue effizientere Arbeitstechnik zu finden.

### Funktionen von Markierungen und Notizen

Zunächst müssen wir uns darüber klar werden, worum es beim Exzerpieren oder Textmarkieren überhaupt geht. Warum sollen Sie sich die Arbeit – über das evtl. Unterstreichen hinaus – überhaupt machen und sich zusätzlich mit Notizen belasten (da Ihnen in Einzelfällen wie dem Fernstudium vieles bereits schriftlich vorliegt und in Gänze auch relevant erscheint); denn eins ist klar:

> **!** Eine gute Textauf- und -Nachbereitung kostet Zeit, gerade zu Beginn eines Studiums. Da es sich dabei aber um einen *unbedingt erforderlichen* Arbeitsschritt handelt, ist diese Zeit mit einzuplanen.

Notizen zu erstellen ist, obwohl wir es oft mehr oder weniger automatisch bei vielen Gelegenheiten einsetzen, Ausdruck unserer Verarbeitung der aufgenommenen Informationen und geht mit vielfältigen Vorteilen einher:

- Notizen, Markierungen oder Exzerpte unterstützen zunächst die Arbeit des Gedächtnisses und fördern die Konzentration. In den Notizen wird das Wesentliche festgehalten und es kann später darauf zurückgegriffen werden. Die Textinhalte werden besser behalten.
- Markierungen erleichtern uns die Lesewiederholung, da wir uns auf die markierten Textstellen oder die Kommentare am Rand konzentrieren.
- Markierungen helfen dabei, unser Verständnis eines Textes wiederzugeben, und damit wird überhaupt erst deutlich, ob wir einen Text verstanden haben. Sie zwingen uns von daher, uns mit Argumenten oder Theorien, Fakten oder Fallaufgaben auseinanderzusetzen, wenn wir ihre Grundzüge für späteres Wiederholen aufzeichnen.
- Markierungen helfen uns, den „roten Faden“ des Textes schneller zu erkennen, da die Strukturierung der Arbeit schneller ersichtlich ist.

- Markierungen betonen die für uns zur Bearbeitung eines bestimmten Themas oder einer Fallaufgabe wichtigen Inhalte. Daraus ergibt sich, dass Markierungen in ein und demselben Text je nach Frage- und Aufgabenstellung, unter der dieser Text bearbeitet wird, variieren können.

Grundsätzlich gilt natürlich zu berücksichtigen, dass Hervorhebungen und Markierungen nur in den eigenen Texten, nicht in ausgeliehenen Büchern, vorgenommen werden dürfen. Haben Sie ein Buch aus der Bibliothek ausgeliehen, dann sollten Sie Ihre Notizen und Vermerke auf Post-its oder lose Blätter schreiben, die Sie an den entsprechenden Stellen einlegen bzw. anheften. Alternativ können Sie natürlich auch mit Fotokopien arbeiten, solange dies aus rechtlichen Gründen nicht untersagt ist. Einige von Ihnen arbeiten möglicherweise lieber kompakt in digitaler Form, sodass sich Ihre Notizen größtenteils im PDF oder in einem zusätzlichen Dokument befinden werden. Solange Sie damit zurechtkommen, ist auch dies eine gute Methode (vgl. den Abschnitt Markierungen in digitalen Fomaten). Es sei allerdings darauf hingewiesen, dass es gerade bei langen Lernphasen weniger anstrengend ist, abseits vom Computerbildschirm zu arbeiten - und Sie bei analogen Notizzetteln nicht die Befürchtung haben müssen, dass der Akku leer wird.

In Ihren Texten sollten Sie relevante Stichwörter, Begriffe, Definitionen, Zahlen, Abkürzungen, Zusammenhänge und Textstellen markieren, die sich auf den konkreten Inhalt, Ihre Fragestellung oder Ihr Erkenntnisinteresse beziehen. Aber Sie können auch formale Aspekte, die sich auf den äußeren Aufbau eines Textes beziehen, durch Markierungen hervorheben. Hierfür stehen Ihnen verschiedene Formen der Textverarbeitung zur Verfügung, die in den folgenden Kapiteln näher dargestellt werden sollen.

Es gibt gewisse Grundanforderungen an eigene Aufzeichnungen und deren Ablage, wenn sie Ihnen beim Erarbeiten wissenschaftlicher Texte helfen und nicht nur der Wiederholung von Gelesenem dienen sollen. Allein das Fotokopieren von Texten oder das einfache Abschreiben bzw. Markieren längerer Textpassagen erfüllt wohl kaum die Anforderungen an lernunterstützende Aufzeichnungen. Zudem ist zu bedenken, dass man häufig dazu neigt, bereits Bekanntes zu unterstreichen oder zu exzerpieren, da es unsere bereits bestehenden Auffassungen, Meinungen oder Informationen bestätigt, während neue Zusammenhänge übersehen werden.

## Markierungen und Notizen

Textmarkierungen wie Unterstreichungen oder Einfärbungen sollen wichtige Textstellen hervorheben und diese von weniger bedeutenden Inhalten absetzen. Dabei sollen wesentliche Wörter oder Textpassagen markiert werden. Achten Sie darauf, dass Sie Markierungen sparsam einsetzen und sich auf die entscheidenden Begriffe und nicht auf ganze Sätze konzentrieren. Andernfalls könnten sie die Lesbarkeit vermindern. Arbeiten Sie bei Unterstreichungen und Hervorhebungen mit unterschiedlichen Farben und Markierungssymbolen, denen Sie verschiedene Bedeutungen zuordnen. Dadurch werden Ihre Hervorhebungen wirkungsvoller. Wichtig ist, dass Sie einmal gewählte Farben und Symbole konsequent verwenden und so ein individuelles System für Ihre Markierungen entwickeln. Verbindliche Regeln gibt es hier keine.

Als Anregung zur Entwicklung Ihres individuellen Markierungssystems soll Ihnen Beispiel 2.4 dienen.

**BEISPIEL 2.4**

**Markierungssystem:**

- rot = zentrale These
- grün = wichtiger Begriff
- blau = Funktionswert, der den Gedankengang gliedert (z. B. „darum")
- orange = Beispiel
- gelb = Einwand „oder"
- einkreisen = gibt Hinweis auf Gliederung
- einrahmen = zentraler Begriff
- Wellenlinie = Unklarheit
- **Pfeile** = Verdeutlichung von Zusammenhängen, Verbindung von Begrifflichkeiten
- …

Bei **Markierungen im Text** können Sie einerseits Erklärungen schwieriger Wörter, Textstellen oder Übersetzungen zwischen den Zeilen einfügen, Sie können aber auch die Textstruktur verdeutlichen, indem Sie zwischen den Zeilen z. B. die Schritte einer Argumentation nummerieren oder grammatische Strukturen verdeutlichen.

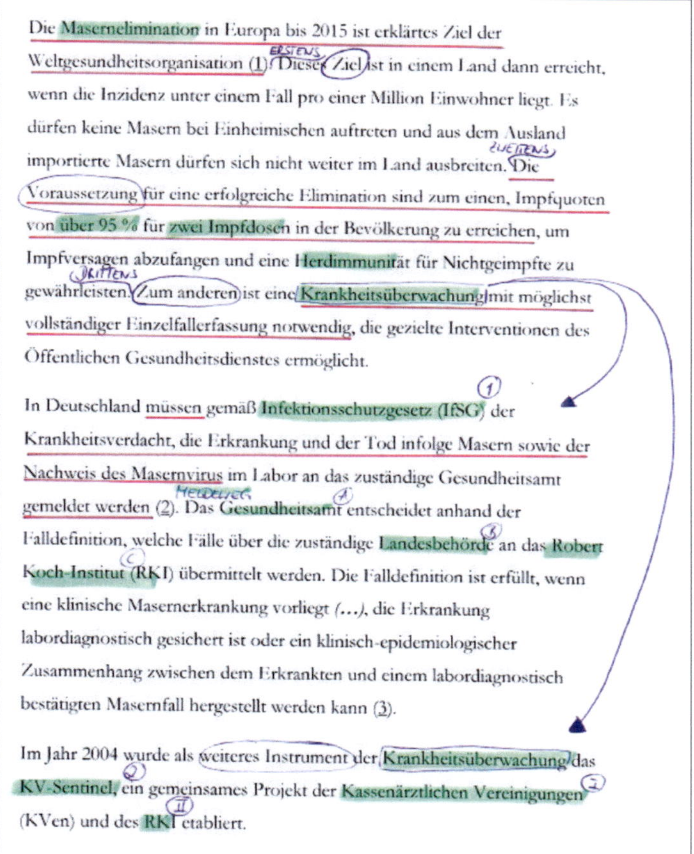

Die Masernelimination in Europa bis 2015 ist erklärtes Ziel der Weltgesundheitsorganisation (1). Dieses Ziel ist in einem Land dann erreicht, wenn die Inzidenz unter einem Fall pro einer Million Einwohner liegt. Es dürfen keine Masern bei Einheimischen auftreten und aus dem Ausland importierte Masern dürfen sich nicht weiter im Land ausbreiten. Die Voraussetzung für eine erfolgreiche Elimination sind zum einen, Impfquoten von über 95 % für zwei Impfdosen in der Bevölkerung zu erreichen, um Impfversagen abzufangen und eine Herdimmunität für Nichtgeimpfte zu gewährleisten. Zum anderen ist eine Krankheitsüberwachung mit möglichst vollständiger Einzelfallerfassung notwendig, die gezielte Interventionen des Öffentlichen Gesundheitsdienstes ermöglicht.

In Deutschland müssen gemäß Infektionsschutzgesetz (IfSG) der Krankheitsverdacht, die Erkrankung und der Tod infolge Masern sowie der Nachweis des Masernvirus im Labor an das zuständige Gesundheitsamt gemeldet werden (2). Das Gesundheitsamt entscheidet anhand der Falldefinition, welche Fälle über die zuständige Landesbehörde an das Robert Koch-Institut (RKI) übermittelt werden. Die Falldefinition ist erfüllt, wenn eine klinische Masernerkrankung vorliegt (...), die Erkrankung labordiagnostisch gesichert ist oder ein klinisch-epidemiologischer Zusammenhang zwischen dem Erkrankten und einem labordiagnostisch bestätigten Masernfall hergestellt werden kann (3).

Im Jahr 2004 wurde als weiteres Instrument der Krankheitsüberwachung das KV-Sentinel, ein gemeinsames Projekt der Kassenärztlichen Vereinigungen (KVen) und des RKI etabliert.

**Abb. 2.6:** Beispiel für Markierungen zwischen den Zeilen (vgl. Mette et al., 2011, S. 191)

Darüber hinaus können Sie Markierungen *am Textrand* vornehmen: Dadurch lässt sich die Struktur des Textes leichter erfassen und Sie gewinnen schneller einen Überblick – auch wenn Sie den Text länger nicht zur Hand genommen haben. Die Erstellung der Randbemerkungen kann nach folgenden Kriterien erfolgen, die selbstverständlich beliebig kombiniert werden können:

- **inhaltliche Kriterien:** Bei dieser Methode wird davon ausgegangen, dass jeder Textabschnitt einen Kerngedanken enthält. Also wird zu jedem Abschnitt ein Leitwort des inhaltlichen Aufbaus an den Rand geschrieben. Das Leitwort kann aus dem Text übernommen werden oder selbst gewählt sein. Randbemerkungen anhand von inhaltlichen Kriterien sind besonders im Hinblick auf eine spätere Gliederung sinnvoll. Daneben sollten Sie aber auch eigene Ideen und Gedanken am Seitenrand oder in Ihrem Notizblock festhalten.
- **funktionale Kriterien:** Bei dieser Methode werden Bemerkungen zur formalen Struktur des Textes am Rand vermerkt. Sie sagen nichts über den Inhalt, sondern über die Struktur des Textes aus, z. B. Fragestellung, These, Beispiel oder Einwand:

  Bsp = Beispiel
  Def = Definition
  Th = These
  A = Argument
  E = Einwand
  W = Widerlegung
  Z = Zusammenfassung

- **persönliche Kommentare:** Wichtige Stellen können Sie z. B. mit Ausrufezeichen oder Unklarheiten mit einem Fragezeichen (nicht sprachliche Markierungen) kennzeichnen. Sollten Sie beim Lesen Zusammenhänge zu einem anderen Text finden, dann notieren Sie am Textrand dessen Titel sowie die Seitenzahl und heben den Verweis hervor (z. B. durch Pfeile). Sie können auch die Textstellen kennzeichnen, die Ihnen Schwierigkeiten bereiten:

  ? = unklar
  / = noch mal überarbeiten
  // = nachschlagen
  ! = wichtig
  + = gut
  - = kritisieren!

Entscheidend für die Auswahl wichtiger Stichwörter und Textstellen sind Ihre Zielsetzung und die an den Text gestellten Fragen. Eine allgemeingültige Methode oder Technik des sinnvollen Markierens gibt es nicht. Sinnvoll ist es aber, funktionale Stichwörter zu verwenden und zudem inhaltliche Stichwörter im Text hervorzuheben.

Ein Beispiel für eine Kombination von Randbemerkungen nach verschiedenen Kriterien ist in Abbildung 2.7 dargestellt.

**Wie Proteine satt machen**

*Langsames Umdenken hinsichtlich der Ernährungsrichtlinien*

Hintergrund

In der Gesamtenergiebilanz unserer Nahrung machen Eiweisse nur einen relativ geringen Teil aus. Von Tierexperimenten und auch von Untersuchungen mit Menschen ist jedoch bekannt, dass sowohl bei der Auswahl der Nahrung als auch bei der Entscheidung, wie viel verzehrt wird, eine angemessene Versorgung mit Proteinen im Mittelpunkt steht – es wird so lange gegessen, bis eine bestimmte Proteinmenge aufgenommen wurde. Dies könnte auch erklären, warum Diäten mit relativ hohem Proteinanteil funktionieren.

These

Jetzt hat ein internationales Forscherteam gezeigt, dass ein Sättigungshormon namens PYY als Antwort auf Proteinzufuhr den Hunger drosselt.[1] PYY wird nach einer Mahlzeit im Darm produziert und ins Blut ausgeschüttet.

Studie: Versuch 1

Im Rahmen der Studie bekamen die Versuchspersonen eine Mahlzeit, die entweder viel Protein, viel Fett oder viele Kohlenhydrate enthielt; die in der Mahlzeit enthaltene Kalorienmenge war jedoch immer gleich. Anschließend wurden die Probanden nach dem Grad ihrer Sättigung befragt. Jene Studienteilnehmer, die die proteinreiche Mahlzeit erhalten hatten, berichteten dabei von der deutlichsten Sättigung. Bei ihnen stieg auch die Menge an PYY im Blut nach der Mahlzeit am stärksten an.

Versuch 2

Tierversuche mit Mäusen führten zum gleichen Ergebnis. Zudem hatten die Tiere mit der proteinreichen Diät langfristig weniger Fettgewebe als jene mit fett- oder kohlenhydratreicher Ernährung.

Versuch 3

Der endgültige Beweis dafür, dass PYY eine wichtige Rolle für die Sättigung spielt, gelang den Forschern mit gentechnisch veränderten Mäusen, die kein PYY mehr herstellen konnten. Diese Mäuse fraßen deutlich mehr als ihre Artgenossen – auch von proteinreichem Futter – und waren bald doppelt so fett. Injektionen von PYY wiederum verhinderten diesen Effekt: Derart behandelte Tiere nahmen weniger zu oder sogar wieder ab, wenn sie schon übergewichtig gewesen waren. Sobald die PYY-Injektionen aber ausblieben, stieg das Gewicht der Mäuse erneut an.

**Abb. 2.7:** Funktionale Randbemerkungen, Unterstreichungen für inhaltliche Stichwörter und Markierungen zur Unterteilung typografischer Absätze (Brun; Hadorn, 2014, S. 40)

### 2.3.2 Das Arbeiten mit digitalen Formaten

Viele Studienmaterialien sind zusätzlich zur Printvariante auch in verschiedenen digitalen Dateiformaten verfügbar. Sie ermöglichen ein papierloses Arbeiten von unterwegs. Dabei kann nicht nur gelesen, sondern auch direkt im Dokument gearbeitet werden. Daher möchten wir Ihnen generelle Hinweise zum Arbeiten mit digitalen Formaten geben, hier am Beispiel der vier gängigsten Formate: PDF, MOBI, EPUB und HTML. Diese Formate unterscheiden sich vor allem darin, auf welchen Endgeräten sie nutzbar sind, sowie durch verschiedene Ansichtsoptionen und Bearbeitungsmöglichkeiten.

**Folgende Möglichkeiten bieten Ihnen die einzelnen Formate:**

- PDF ist das wohl bekannteste Format, das sich auf fast allen Geräten öffnen und lesen lässt. Im Gegensatz zu anderen Formaten bietet ein PDF jedoch weniger Flexibilität, was die aktive Nutzung angeht. Zwar lässt sich im PDF auch markieren, suchen und anmerken, doch die Größe der Schrift und des Dokuments ist nicht skalierbar. Es bietet somit keine dynamische Bildschirmanpassung.
- MOBI und EPUB – die beiden gängigsten E-Bookformate – ermöglichen es Lesern, dynamische Bildschirmanpassungen vorzunehmen; beispielsweise lassen sich Schriftart und Schriftgröße einstellen. Die Seitenansicht ist der eines Buchs nachempfunden anstatt eines auf Scrollen ausgelegten Dokumentenverlaufs. EPUB ist ein Standard, der von den meisten E-Book-Readern unterstützt wird. Auf dem Kindle-Reader können EPUBs aber nicht gelesen werden. Kindle-Geräte benötigen das MOBI-Format.
- Das HTML-Format erlaubt neben den gängigen Funktionen noch eine mediale Anreicherung der Inhalte. Es können beispielsweise Videos oder Audiodateien direkt eingebunden werden.

In allen vier Formaten gibt es ähnliche Grundwerkzeuge zum Suchen, Markieren und Annotieren (mit Anmerkungen versehen). Eine Online-Anbindung ermöglicht es Ihnen außerdem, Fremd- oder Fachwörter direkt beim Lesen nachzuschlagen und Links zu öffnen (bei vielen E-Book-Readern ist dies ebenfalls möglich). Auch interne Links – beispielsweise die Lösung einer Aufgabe im Anhang – können in E-Books gesetzt werden und erleichtern das Arbeiten mit dem Text.

Die genauen Funktionen sind allerdings abhängig von der Version bzw. dem Endgerät. E-Books können nicht nur auf dezidierten Lesegeräten, sondern auch auf PCs, Tablet Computern und Smartphones gelesen werden. Informieren Sie sich daher über die für Sie passende Software und deren Kompatibilität mit Ihren Geräten, um die bestmögliche Arbeitsgrundlage zu schaffen. Informieren Sie sich ggf. zusätzlich über E-Book-Verwaltungsprogramme, die Ihnen die Möglichkeit bieten, Dateien selbst in ein anderes Format zu konvertieren.

Beim wissenschaftlichen Arbeiten ist es nicht üblich, aus E-Medien zu zitieren. Daher gilt es, dies zu vermeiden und die Printvariante heranzuziehen. Falls dies im Einzelfall nicht möglich ist, beachten Sie bitte beim Zitieren von E-Books, dass auch die Paginierung (Seitennummerierung) flexibel ist, sodass eine Seitenzuordnung hier nicht möglich ist. Falls Sie ein E-Book zitieren wollen, so ist anstelle der Seitenangabe möglichst genau der Abschnitt oder Paragraph zu nennen. Audiobooks sind nicht zitierfähig.

**ÜBUNG 2.12:**

Bei welcher Lesetechnik lassen sich Textmarkierungen besonders gut anwenden?

Folgende Regeln sollten Sie beim Markieren von Texten berücksichtigen:

- Versehen Sie die wesentlichen Textstellen erst im zweiten Lesedurchgang mit Markierungen.
- Markieren Sie sparsam.
- Verwenden Sie immer dasselbe Markierungssystem.
- Bearbeiten Sie nur Texte, die Ihnen selbst gehören.

### 2.3.3 Textnachbereitung

Anhand der dargestellten Beispiele haben Sie gesehen, dass Markierungen kein Endprodukt einer Textanalyse sind, sondern das Gelesene noch nachbereitet werden muss. Dabei bietet es sich an, zunächst eine Denkpause einzulegen, um sich das Gelesene zunächst durch den Kopf gehen zu lassen und es zu rekapitulieren. Rekapitulieren bedeutet, dass Sie versuchen, die Inhalte zu rekonstruieren, das Gelesene in eigenen Worten wiederzugeben und bewusst in Ihrem Gedächtnis aufzunehmen. Das Rekapitulieren lässt sich dabei in folgende Schritte unterteilen: Textrückblick, Textreflexion und Textverdichtung.

Nach jedem Textabschnitt, den Sie durchgearbeitet haben, sollten Sie sich Zeit für einen kurzen **Textrückblick** nehmen:

- Überfliegen Sie die hervorgehobenen Textstellen und überprüfen Sie, ob Sie evtl. Wichtiges übersehen haben.
- Rufen Sie sich den Inhalt in Erinnerung.
- Schlagen Sie ggf. Fremdwörter, Fachausdrücke etc. nach.
- Prüfen Sie, was Sie von dem Gelesenen behalten und verstanden haben.

Bei der **Textreflexion** überdenken Sie den Text, Sie versuchen den Gesamtzusammenhang zu verstehen und setzen sich kritisch mit den Inhalten auseinander. Sie bemühen sich, einzelne Textaussagen mit Inhalten anderer Texte zu verknüpfen und setzen sich vielschichtig mit den Textinhalten auseinander. Achten Sie darauf, welche Textaussagen Ergebnisse, welche sachliche Informationen und welche die Meinung des Autors beinhalten und hinterfragen Sie die Textinhalte, z. B.:

- Ist die Argumentation des Autors schlüssig?
- Wie kommt der Autor zu dieser Aussage?
- Ist das methodische Vorgehen sinnvoll?
- Hätten die Ergebnisse auch anders interpretiert werden können?
- Zeigen sich Widersprüche im Text?
- Verfolgt der Autor mit seinen Ausführungen bestimmte Absichten?

Das Ziel der **Textverdichtung** ist, den Inhalt Ihres Studienhefts oder anderer wissenschaftlicher Texte auf die wesentlichen Hauptaussagen zu verdichten. Dafür fertigen Sie ein Exzerpt, einen kompakten schriftlichen Auszug oder eine grafische Darstellung von der gelesenen Quelle an. Hier müssen Sie ausprobieren, welche die für Sie richtige Methode ist. Folgende Vorteile gehen mit einer Textverdichtung einher:

- Sie sind in einer aktiveren Lernhaltung.
- Sie lernen das Wichtige und Wesentliche von Unbedeutendem zu trennen.
- Sie sind zu kurzen und knappen Aussagen bzw. Darstellungen gezwungen.
- Sie verbessern Ihre sprachliche Ausdrucksfähigkeit und üben direkt die Anwendung neuer Fachtermini.
- Sie fertigen sich eine Zusammenfassung der Kernaussagen für spätere effiziente Wiederholungen an.
- Sie bereiten sich auf Prüfungen vor, damit diese weniger zeitintensiv und stressfreier werden.
- Sie verbessern Ihr Verständnis und Ihre Behaltensleistung insbesondere dadurch, dass Sie die gelesenen Sachverhalte in organisierter und visualisierter Form darstellen.

### Exzerpte

Ein Exzerpt ist ein Auszug, der von einer Quelle angefertigt wird und auf dem nur die wichtigsten Textinhalte vermerkt sind. Sehr effektiv exzerpieren Sie einen Text, indem Sie dabei einer systematischen, eigenen Struktur folgen. Dafür können Sie sich z. B. ein Arbeitsblatt erstellen (vgl. Abb. 2.8), auf dem Sie alle Informationen zum Text eintragen, die Sie für Ihre Fallaufgabe, Hausarbeit, Bachelor-Thesis etc. benötigen. Sie können aber auch die bestehende Gliederung und die Überschriften des zu exzerpierenden Textes als Grundlage nehmen.

| EXZERPT |
|---|
| Schlagwörter: |
| Titel des Buches/Artikels/Beitrags/Überschrift des Kapitels:<br>*(mit genauer Seitenangabe)* |
| Genaue bibliografische Angaben: |
| Kurzbeleg: |
| Lesedatum: |
| Zusammenfassung<br>*(mit eigenen Worten)* |
| Direkte Zitate:<br>*(in Anführungszeichen und mit genauer Seitenangabe)* |
| Meine Kritik:<br>*(1. Wird das Problem verständlich dargestellt?*<br>*2. Was finden Sie besonders klar, interessant, überzeugend? Warum?*<br>*3. Was finden Sie in der Argumentation des Autors fragwürdig? Warum?*<br>*4. Was könnte man anders interpretieren oder schlussfolgern?)* |
| Stellenwert für meine Arbeit: |
| Verweis auf andere Texte, evtl. auf andere Exzerpte:<br>*(Wenn Sie schon eine Gliederung haben: In welchem Teil werden Sie den Text behandeln? Vielleicht wissen Sie es zum Zeitpunkt des Exzerpierens noch nicht. Das werden Sie aber im Laufe Ihrer Recherche herausbekommen und diese Zeile später ergänzen können.)* |
| Verweis auf andere Texte, evtl. auf andere Exzerpte:<br>*(An welche anderen Texte erinnert Sie dieser? Sehen Sie Gemeinsamkeiten? Unterschiede? Welche?)* |

**Abb. 2.8:** Arbeitsblatt zum systematischen Exzerpieren (vgl. Boeglin, 2007, S. 115)

Was ist beim Exzerpieren zu beachten?

- Fassen Sie die Quelle in Ihren eigenen Worten zusammen.
- Fokussieren Sie sich auf die wesentlichen Textaussagen.
- Trennen Sie Ihre eigenen Ergänzungen klar von fremdem Gedankengut. Berücksichtigen Sie die entsprechenden Zitierregeln (Kap. 3).
- Prüfen Sie, ob es sich um Primär- oder Sekundärtexte handelt. Sekundärzitate sollten Sie im Originaltext prüfen. Dadurch können Sie rechtzeitig Fehler vermeiden.
- Bearbeiten Sie Ihre Exzerpte, indem Sie Verknüpfungen der Textinhalte mit bereits vorhandenem Wissen herstellen, Vergleiche ziehen, Fragen stellen und Ideen entwickeln.

### Grafische Darstellungsmöglichkeiten zur Textverdichtung

Es gibt auch grafische Darstellungsmöglichkeiten, die die Zusammenfassung von Texten unterstützen:

> „Durch eine bildhafte, grafisch aufbereitete Darstellung des Textmaterials lassen sich komplizierte Sachverhalte deutlich machen und es lässt sich insb. aufzeigen, in welcher Beziehung die einzelnen Aussagen zueinander stehen." (Stickel-Wolf; Wolf, 2011, S. 40)

Informationen, die Sie bereits für eine grafische Umsetzung strukturiert und organisiert sowie bildhaft dargestellt haben, lassen sich leichter und dauerhafter merken. Um zu der grafischen Umsetzung zu gelangen, stehen Ihnen vielfältige Techniken zur Verfügung, die Sie bei der Organisation Ihrer Textinhalte unterstützen können. Im Folgenden sollen Ihnen *Schemata* (vgl. Abb. 2.9) und *Mindmaps*, als spezielle Schemaform, beispielhaft dargestellt werden. Abschließend wird noch kurz auf Möglichkeiten der Textverdichtung anhand von statistischen Darstellungen eingegangen. Schemata sind Darstellungen,

> „in denen die mit einer bestimmten Fragestellung bzw. mit einem bestimmten Thema zusammenhängenden Aspekte grafisch wiedergegeben sind. Die grafische Wiedergabeform bringt den Vorteil mit sich, dass Zusammenhänge aufgezeigt werden können und dass die bestehende Problemstruktur besser verstanden werden kann. Überdies können ggf. erforderliche

Ergänzungen relativ leicht in das bestehende Schema integriert werden. Schemata können also mit fortschreitendem Verständnis weiterentwickelt werden und sie ermöglichen, neue Fakten zum Bestehenden hinzuzufügen.“ (Stickel-Wolf; Wolf, 2011, S. 48 f.)

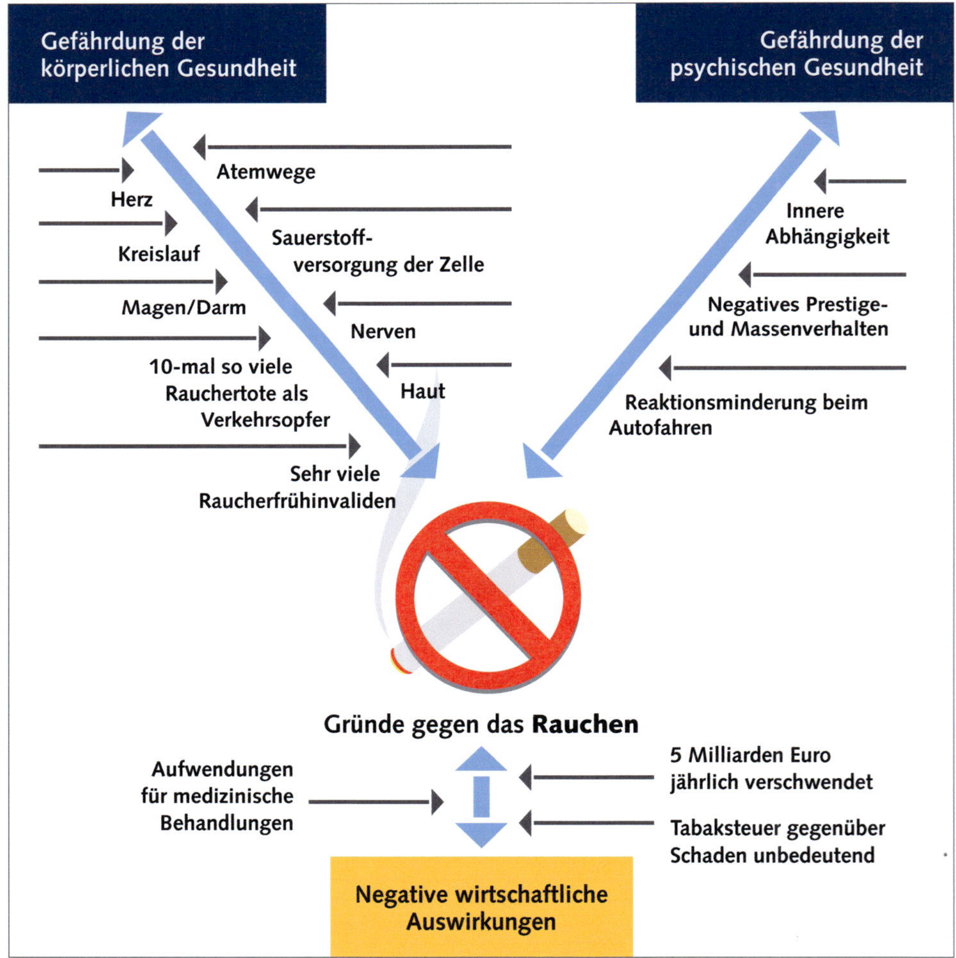


**Abb. 2.9:** Monozentrales Schema (Stickel-Wolf; Wolf, 2011, S. 50)

Abbildung 2.9 stellt ein monozentrales Schema dar, in dessen Zentrum ein Hauptthema gestellt ist. Die zum Thema zugehörigen Argumente sind entsprechend zugeordnet.

Eine Variante monozentraler Schemata ist die Mindmapping-Technik. Sie bietet gute Unterstützung beim Sammeln von Ideen, zum Sortieren von Gedanken oder zum Auffinden kreativer Lösungen. Als Möglichkeit der Textverdichtung hilft das Mindmapping-Verfahren dabei, die Grundstruktur der gelesenen Quellen nachzuvollziehen bzw. Zielsetzung, Ergebnisse und Argumentationen abzuleiten.

Eine Mindmap besteht aus einem zentralen Begriff, einem Kapitel, einem wissenschaftlichen Thema oder einem ganzen Buch. Um das Hauptthema herum werden verschiedene Aspekte angeordnet und abgeleitet, die mit dem Begriff durch Äste in Verbindung stehen. Dadurch werden Assoziationsketten generiert und weitere Unterpunkte gebildet. Ein solches Beziehungsnetz kann ein ganzes Fachbuch auf einen Blick überschaubar machen, indem es in grafischer Art und Weise die jeweiligen Beziehungen zwischen Begriffen und Sachverhalten herstellt. Der Vorteil ist - im Vergleich zu einer umfangreichen Dokumentation in Textform wie einem Exzerpt - die Zeitersparnis. Darüber hinaus zeigen sich durch diese Darstellungsform schneller Lücken (z. B. Forschungs- oder Gliederungslücken) als in einer reinen Textform. Dabei wird eine Mindmap umso aussagekräftiger, je differenzierter die Ebenen z. B. durch Farben oder Konturen voneinander abgegrenzt werden. Allerdings gilt auch hier wieder die Warnung, dass eine zu farbenfrohe Gestaltung unübersichtlich wird.

Durch das Erstellen von Mindmaps lassen sich Inhalte griffig visualisieren. Zudem ermöglichen sie, komplexe Sachverhalte einfach darzustellen. Versuchen Sie es doch selbst einmal (vgl. Übung 2.13).

**ÜBUNG 2.13:**

Wortliste: z. B. Gliederung – Exposé – **Bachelor-Thesis** – Literaturrecherche – Haupeil – Thema – Forschungsfrage – Schlussteil – Zielsetzung – Konzept – Einleitung – Zeitplan ...
Bitte versuchen Sie, die Begriffe der Wortliste in einer Mindmap abzubilden (im Zentrum steht Bachelor-Thesis) und vergleichen Sie Ihr Ergebnis mit der angegebenen Musterlösung. Sie können diese Übung auch mit Begriffen aus Ihrem jeweiligen Fachgebiet durchführen.

*Begriffsbäume* stellen den Zusammenhang von Begriffen in ihrer hierarchischen Vernetzung dar. Dabei werden Begriffen ihre entsprechenden Ober- und Unterbegriffe zugeordnet. Dadurch lassen sich Wortgruppen besser einprägen.

**ÜBUNG 2.14:**

Stellen Sie das Thema der Abbildung 2.9 in einem Baumdiagramm dar.

## Zusammenfassung

In diesem Kapitel haben Sie unterschiedliche Möglichkeiten zur Bearbeitung und Strukturierung eines Textes kennengelernt: Anhand von Unterstreichungen, Hervorhebungen, Symbolen oder dem Anbringen von Notizen können Sie Texte bearbeiten und durch diese aktive Auseinandersetzung mit dem Text Ihre Gedächtnisleistung unterstützen.

Die systematische Nachbereitung des Gelesenen erleichtert Ihnen, das Gelesene zu behalten und Zusammenhänge zu verstehen. Hierzu ist es sinnvoll, Denkpausen einzulegen und sich das Gelesene zunächst durch den Kopf gehen zu lassen. Im Anschluss daran erfolgt die Rekapitulation durch Textrückblick, Textreflexion und Textverdichtung, z. B. anhand von einem Exzerpt oder grafischen Darstellungen. Gerade die grafische Umsetzung des Gelesenen anhand von Schemata oder Begriffsbäumen fördert das dauerhafte Merken, da das Gelesene auf diese Weise bildhaft strukturiert und organisiert wird. Ein weiterer Vorteil der systematischen Nachbereitung von Inhalten ist darin zu sehen, dass Sie bei späteren Wiederholungen und Klausurvorbereitungen immer wieder auf die Kernaussagen der Texte zurückgreifen können.

**HINWEIS**

Probieren Sie die vorgestellten Bearbeitungs- und Strukturierungsmöglichkeiten so früh wie möglich in Ihrem Studium aus. Nur so werden Sie Ihr individuelles System finden, das Ihnen ermöglicht, die gelesenen Texte oder Studienhefte bestmöglich zu verarbeiten. Prüfen Sie dabei auch einige Wochen später, ob Ihr individuelles System Ihnen auch später noch ermöglicht, den Inhalt der Texte anhand Ihrer Bearbeitungen zu verstehen und nachzuvollziehen.

## Aufgaben zur Selbstüberprüfung

**HINWEIS**

Die Aufgaben zur Selbstüberprüfung können Sie auch interaktiv online bearbeiten. Folgen Sie dazu diesem Link: http://www.aon.media/nfx21q oder scannen den QR-Code.

**AUFGABE 2.8:**

Benennen Sie drei Vorteile, die mit dem Erstellen von Notizen verbunden sind.

**AUFGABE 2.9:**

Nach welchen Kriterien kann die Erstellung von Randbemerkungen erfolgen?

**AUFGABE 2.10:**

Benennen Sie die drei Schritte, in die sich das Rekapitulieren unterteilen lässt.

**AUFGABE 2.11:**

Was sind die Ziele der Textverdichtung? Welche Möglichkeiten der Textverdichtung kennen Sie?

# Zwischenbetrachtung

Die Grundlagen sind geschaffen!

Sie haben gelernt, was es heißt, wissenschaftlich zu arbeiten und dass der Prozess des wissenschaftlichen Arbeitens nicht erst mit der Erstellung einer Hausarbeit, sondern schon viel früher beginnt. Neben der Suche nach einem Thema gehören die Literaturrecherche, das Lesen von Texten und die Bewertung von Informationen ebenso zum Prozess des wissenschaftlichen Arbeitens wie das Schreiben der eigentlichen wissenschaftlichen Texte oder später auch der wissenschaftlichen Arbeit.

Für ein zielgerichtetes und effektives Lesen haben wir Sie mit Lesetechniken und Lesestilen vertraut gemacht, mittels derer Sie Ihre Aufmerksamkeit und Konzentrationsfähigkeit beim Lesen erhöhen können.

Darüber hinaus haben wir Ihnen unterschiedliche Möglichkeiten (Unterstreichungen, Hervorhebungen, Symbole und das Anbringen von Notizen) aufgezeigt, anhand derer Sie einen Text bearbeiten können. Dabei haben Sie nicht nur gelernt, wie Sie durch diese aktive Auseinandersetzung mit dem Text Ihre Gedächtnisleistung unterstützen können, sondern Sie können darüber hinaus auf Techniken zurückgreifen, die Sie bei der Nachbereitung des Gelesenen unterstützen werden.

Sie können nun Ihre Recherche nach wissenschaftlicher Literatur systematisch gestalten, Primär- und Sekundärquellen unterscheiden und haben die Notwendigkeit einer kritischen Auseinandersetzung mit Literaturquellen verstanden. All diese Techniken können Sie im Verlauf ihres Studiums mehrfach erproben. Es wird nicht lange dauern, bis das erste Schreibprojekt ansteht, bei dem Ihre eigene wissenschaftliche Texterstellung gefordert ist. Im Rahmen Ihres Studiums werden Sie nämlich nicht nur mit der Recherche und Bearbeitung wissenschaftlicher Texte konfrontiert, sondern auch damit, eigene Arbeiten zu verfassen.

Im folgenden zweiten Teil dieses Buchs soll Ihnen, aufbauend auf den bereits erörterten Techniken, genau dafür ein Leitfaden an die Hand gegeben werden. Zuerst wird ein vertiefender Blick auf korrektes wissenschaftliches Zitieren und Ansprüche speziell an das wissenschaftliche Schreiben geworfen, bevor es ans Eingemachte geht: besonders für größere Textprojekte wie die eigene Thesis ist ein angeleitetes

Vorgehen hilfreich und wichtig. Von der Themenfindung über die Auswahl der Forschungsmethode bis zur Erstellung des Exposés, das den ersten Meilenstein einer wissenschaftlichen Arbeit wie einer Bachelorthesis darstellt, erhalten Sie Informationen und Anwendungsübungen. Nach der Bearbeitung steht Ihrer eigenen wissenschaftlichen Arbeit nichts mehr im Weg!

# Teil II
Vertiefung

# 3 Wissenschaftliches Arbeiten anwenden

*In diesem Kapitel lernen Sie die Grundlagen wissenschaftlicher Zitation kennen. Sie wissen, welche Bedeutung ihre korrekte Anwendung hat und können ein korrektes Literaturverzeichnis von einem fehlerhaften unterscheiden (→ 3.1). Zudem werden Sie mit den Ansprüchen an wissenschaftliches Schreiben und die verschiedenen Formen wissenschaftlicher Arbeiten vertraut gemacht. In einem Exkurs bekommen Sie Einblick in das Konzept von Fallaufgaben (→ 3.2).*

## 3.1 Der Umgang mit Quellen im Text

Aus Teil I kennen Sie bereits die wissenschaftlichen Qualitätskriterien und die Grundsätze der Verantwortung, die Sie als Autor einer wissenschaftlich korrekten Arbeit berücksichtigen müssen. Weiterhin sind Ihnen grundlegende Begriffe der Quellenarbeit geläufig, die in diesem Kapitel im Hinblick auf ihre Anwendung erweitert werden. Zur Erinnerung: Eine wissenschaftliche Arbeit sollte immer die Kriterien der **Objektivität, Überprüfbarkeit und Relevanz** (vgl. Kap. 1.2) erfüllen.

Für die Objektivität und Überprüfbarkeit ist es wichtig, dass Ihre Aussagen nicht auf bloßem Glauben beruhen oder intuitiv begründet sind. Eine wissenschaftliche Arbeit ist eine sachliche und präzise Darstellung Ihres Beitrags zur Wissenschaft und basiert auf überprüfbaren Belegen und einer nachvollziehbaren, logischen Argumentation. Eine Grundregel bei wissenschaftlichen Arbeiten lautet: Das Individuum tritt zurück (vgl. Balzert et al., 2011, S. 240).

Eine der wesentlichen Anforderungen an wissenschaftliches Schreiben liegt daher in der lückenlosen Dokumentation der verwendeten Quellen: Alle Gedanken, Ideen, Aussagen, Grafiken, Statistiken, Gesetzestexte etc., die nicht von Ihnen stammen, sind mittels der Ursprungsquelle (Primärquelle) als Zitate kenntlich zu machen; durch Quellenbelege im Text und durch Dokumentation im Literaturverzeichnis Ihrer Arbeit. Sie müssen auch dann zitieren, wenn Sie Ihre Argumente durch die Aussagen Fremder stützen wollen.

### Exkurs: Plagiate

Mit dem Kapitel II des Positionspapiers „Gute wissenschaftliche Praxis für das Verfassen wissenschaftlicher Qualifikationsarbeiten" (vgl. Kap. 1.3) haben Sie bereits das oberste Prinzip der Wissenschaftlichkeit, die fundamentale Anforderung der **Ehrlichkeit**, kennengelernt (vgl. AFT, 2012, S. 2).

Sie wissen also, dass der Bericht Ihrer Beobachtungen und Erfahrungen einer wissenschaftlichen Arbeit immer der Wahrheit entsprechen muss, denn:

> „Plagiate, Täuschungen, Datenmanipulationen und die Erfindung von Ergebnissen sind betrügerische Delikte, welche die eigene Glaubwürdigkeit zerstören und Folgeschäden verursachen." (Balzert et al., 2011, S. 15)

Wird dieser Grundsatz nicht verfolgt und werden fremde Gedankengänge als die eigene dargestellt, kommt es zu einem sogenannten *Plagiat.* Bei einem Plagiat werden Texte oder Gedanken eines anderen ohne Kennzeichnung der zugrunde liegenden Quellen als eigene Gedanken und Ergebnisse dargestellt. Damit wird ein Diebstahl geistigen Eigentums begangen und gegen das geltende Urheberrecht verstoßen. Dieser Diebstahl wird nicht nur mit ungenügenden Noten bestraft[2], sondern kann darüber hinaus zu Schadensersatz gegenüber dem Urheber führen. Daran erkennen Sie die hohe Bedeutung einer korrekten Zitation. Darüber hinaus lassen sich durch Zitate Ihre eigenen Argumente, Thesen und Ideen untermauern und belegen.

Beispiel 3.1 zeigt, dass beim Schreiben wissenschaftlicher Arbeiten häufig nicht mit der nötigen Sorgfalt vorgegangen wird und beschreibt, welche Konsequenzen damit einhergehen.

2 Viele Hochschulen führen bei Verdacht Plagiatskontrollen durch.

**BEISPIEL 3.1**

**Verwendung nicht gelesener Quellen als Zitat**

Im Rahmen einer Untersuchung der University of California in Los Angeles haben die beiden Wissenschaftler Mikhail Simkin und Vwani Roychowdhury herausgefunden, dass viele Wissenschaftler die Quellen, auf die sie in ihren Arbeiten verweisen, nicht gelesen haben. In einer Zitat-Datenbank war Simkin und Roychowdhury aufgefallen, dass in verschiedenen publizierten wissenschaftlichen Arbeiten Literaturhinweise auf dieselben Quellen häufig fehlerhaft waren, wobei sich die Fehler in der Schreibweise bei unterschiedlichen Autoren oft identisch wiederholten. Das legt den Verdacht nahe, dass die Autoren diese Quellen nicht gelesen, sondern aus der bestehenden Bibliografie einer anderen Arbeit abgeschrieben haben (vgl. Voss, 2017, S. 115). Schließlich ist es nicht sehr wahrscheinlich, dass unterschiedlichen Autoren exakt der gleiche Schreibfehler beim Zitieren einer Quelle unterläuft. Das alarmierende Ergebnis der beiden Forscher ist, „dass durch die fragwürdige und unreflektierte Übernahme von Zitaten auch Studien ohne großen Gehalt gewisse Prominenz in der Scientific Community erlangen könnten" (Voss, 2017, S. 115).
Die Analyse von Simkin und Roychowdhury ist nachzulesen unter:
http://www.aon.media/dqmux8 (vgl. Simkin; Roychowdhury, 2006).

Aber nicht nur das *Textplagiat*, also die wörtliche Übernahme fremder Texte ohne Angabe der entsprechenden Quelle, stellt ein Plagiat dar. Es gibt noch weitere Plagiatsformen, von denen die wichtigsten hier kurz genannt werden sollen:

- *Paraphrasierendes Plagiat:* Liegt vor, wenn Wörter und Satzbau des Originals verändert werden, ohne das Aufschluss über die Quelle gegeben wird.
- *Ideenplagiat:* Dabei handelt es sich um die Übernahme von Gedankengängen Fremder für die eigene wissenschaftliche Arbeit, ohne den Urheber zu zitieren.
- *Übersetzungsplagiat:* Liegt vor, wenn Gedanken oder Textteile ohne Quellenangabe aus einem fremdsprachigen Text übersetzt werden.

- *Strukturplagiat:* Liegt vor, wenn die Reihenfolge von Argumenten und Ideen einer fremden Quelle in die eigene Arbeit eingebaut wird, ohne dies zu kennzeichnen.
- *Selbstplagiat:* Hierbei handelt es sich um eine ganz besondere Form des Plagiats. Ein Selbstplagiat liegt vor, wenn Sie *eigene* wissenschaftliche Arbeiten oder Auszüge erneut verwenden, ohne dass Sie in der neuen Arbeit darauf hinweisen. Dies mag zunächst sonderbar auf Sie wirken, da es sich bei den plagiierten Ergebnissen oder Textauszügen um Ihre eigene Leistung handelt. Dennoch hat diese Form des Plagiats seine Berechtigung: Bei einer Wiederverwendung - ohne Hinweis auf eine vorherige Arbeit -, wecken Sie eine falsche Vorstellung von der aktuellen Publikation. Es wird von Ihrem eigenen Eigentum in Erstpublikation ausgegangen.

  Das bedeutet für Sie, dass Sie niemals z. B. Textteile Ihrer Bachelor-Thesis - ohne Hinweis auf die Originalquelle - für eine andere Prüfungsleistung (z. B. im Master-Studium) verwenden dürfen, da der Gutachter davon ausgehen muss, dass die Leistung im Rahmen der aktuellen Prüfungsleistung erarbeitet wurde. Es kann Ihnen also Täuschung vorgeworfen werden. Ist Ihre Thesis publiziert und somit zitierfähig, dann können Sie einem Selbstplagiat durch ein *Selbstzitat* begegnen (vgl. Meinel, 2013). Ist die Arbeit aber nicht publiziert, dann dürfen Sie keine Textbausteine Ihrer eigenen Publikation verwenden. Das gilt auch für eine Hausarbeit.

Wichtig ist, dass jeder nachvollziehen kann, welche Quelle Sie benutzt haben und vor allem, dass (in der Regel) jeder diese Quelle auffinden und nachlesen kann. Deshalb ist z. B. auch die Angabe der Auflage relevant. Jedem zitierten Gedanken - ob wörtlich (direkt) oder nur sinngemäß (indirekt) - **muss** eine Quellenangabe folgen.

### 3.1.1 Wissenschaftliches Zitieren

Bei einem Zitat handelt es sich also um eine wortgetreue (direktes Zitat) oder sinngemäße Übernahme (indirektes Zitat) von Textstellen oder auch um Hinweise auf bestimmte Textstellen. Neben den bekannten Literaturtypen (vgl. Anhang D) werden auch selbst geführte Interviews, eigens durchgeführte Befragungen, Experimente oder wissenschaftliche Beobachtungen als Zitat angegeben.

Die Belegpflicht, also die Kennzeichnung eines Zitats mittels Quellenangaben, geht mit umfangreicher Recherche und einer sehr hohen Sorgfalt einher. Besonders wichtig ist, dass der Sinn des Zitats nicht aus dem Zusammenhang gerissen wird und Sie dem zitierten Autor keine Gedanken unterstellen, die dem Zitat nicht zu entnehmen sind. Wenn Sie diese Kriterien berücksichtigen, dann bringt das akribische Zitieren einige Vorteile mit sich:

- Das Geschriebene wird durch eindeutige Kennzeichnung der zitierten Textstellen für andere Leser und Wissenschaftler nachvollziehbar und überprüfbar.
- Das „Eigene" ist durch die Kennzeichnung zitierter Stellen vom „Fremden" unterscheidbar und stellt dadurch einen Schutz Ihrer wissenschaftlichen Arbeit dar: Angenommen, Sie zitieren unwahre Ergebnisse oder falsche Rückschlüsse eines „Fremden" in Ihrer Arbeit, so wird durch die Angabe von Quellen deutlich, dass Sie nicht selbst für den Fehler verantwortlich sind.

Neben einer mangelnden Prüfung und dem Fehlen von Zitaten (Unterzitieren) ist auch ein unnötiges Zitieren (Überzitieren) zu vermeiden. Beachten Sie daher, dass Sie direkte Zitate sehr sparsam einsetzen sollten. Ansonsten könnte Ihnen unterstellt werden, dass Sie die Informationen des Textes nicht ausreichend verstanden haben oder Sie sich Zeit einsparen wollten. Wählen Sie direkte Zitate also nur dann, wenn der Wortlaut einer Aussage so treffend und gelungen wiedergegeben wird, dass diese mit der Wiedergabe in eigenen Worten an Aussagekraft verlieren oder ein Sinnverlust einhergehen würde.

Triviale Aussagen und Tatsachen, die dem generellen und fachlichen Allgemeinwissen zuzuschreiben sind, sollten nicht zitiert werden. Prüfen Sie immer die Relevanz der zitierten Aussagen:

- Haben sie mit Ihrem Thema zu tun?
- Sind sie wichtig für das theoretische Textverständnis?

- Stehen sie in Zusammenhang mit der Ableitung Ihrer Ergebnisse und Ihrer Argumentation?

Beachten Sie aber auch, dass direkte Zitate immer eingeleitet und auch mit eigenen Worten erläutert oder interpretiert werden sollten.

**ÜBUNG 3.1:**

Bewerten Sie die folgenden direkten Zitate. Welche Zitate sind – auch ohne Textzusammenhang – als schlechtes direktes Zitat einzuordnen?

1. „Der vorliegende Ergebnisband ‚Daten und Fakten: Ergebnisse der Studie Gesundheit in Deutschland aktuell 2010' präsentiert die wichtigsten Ergebnisse der gleichnamigen Studie." (Robert Koch-Institut, 2012, S. 11)
2. „GEDA ist auf die kontinuierliche Beobachtung von Entwicklungen im Krankheitsgeschehen und im Gesundheits- und Risikoverhalten ausgerichtet und soll dazu beitragen, der Gesundheitsberichterstattung sowie der Gesundheitspolitik zeitnah entsprechende Informationen zur Identifizierung von Gesundheitstrends in der Bevölkerung oder in Bevölkerungsgruppen zu liefern." (Robert Koch-Institut, 2012, S. 13)
3. „In Deutschland besteht ein zunehmender Bedarf an der kleinräumigen Aufbereitung von Gesundheitsindikatoren." (Robert Koch-Institut, 2012, S. 58)
4. „Die dargestellten Ergebnisse deuten darauf hin, dass in Deutschland beträchtliche regionale Unterschiede hinsichtlich der Prävalenzen von Adipositas und Diabetes bestehen." (Robert Koch-Institut, 2012, S. 58)
5. „Die Ergebnisse der ausgewählten, wichtigsten Gesundheitsindikatoren aus GEDA 2010 sollen übersichtlich, prägnant und untereinander vergleichbar dargestellt werden." (Robert Koch-Institut, 2012, S. 61)
6. „Die subjektive Gesundheit bildet die persönlichen und sozialen Dimensionen des eigenen Befindens ab." (Robert Koch-Institut, 2012, S. 64)
7. „Befragte aus den oberen Bildungsgruppen schätzen ihre Gesundheit deutlich positiver ein als diejenigen aus den unteren Bildungsgruppen; dieser Bildungsgradient tritt bei Frauen noch ausgeprägter als bei Männern auf." (Robert Koch-Institut, 2012, S. 64)

„Zitate sollten vor allem dann zum Einsatz kommen, wenn sie zur weiteren Entwicklung der Argumentationskette unverzichtbar sind.“ (Voss, 2017, S. 114)

### 3.1.2 Zitierweisen und Zitationsstile

Wie Sie bereits gelernt haben, müssen alle verwendeten Zitate (sowohl direkte als auch indirekte Zitate) korrekt und vor allem präzise belegt werden. Dafür gibt es nicht nur eine, sondern zahlreiche Zitierweisen und -stile wie z. B. APA (American Psychological Association), DGPs (Deutsche Gesellschaft für Psychologie) und MLA (Modern Language Association), die nebeneinander existieren und je nach Fachrichtung verbreitet sind.

#### Zitation im Text

Grundlegend werden zwei Zitierweisen unterschieden, und zwar Quellenangaben

- als Kurzbelege im Text (angloamerikanische Zitierweise): Direkt nach dem Zitat erfolgt in Klammern gesetzt die Angabe von Verfassername(n), Erscheinungsjahr und Seitenzahl, aus der zitiert wurde (Name, Jahr, Seitenangabe). Der Kurzbeleg stellt eine verkürzte Angabe der zitierten Quelle und eine Verbindung von Zitat und Literaturverzeichnis dar, z. B.:
  - Kurzbeleg im Text: (vgl. Simon, 2009, S. 16)
  - dazugehöriger Langbeleg im Literaturverzeichnis: Simon, M. (2009). *Das Gesundheitssystem in Deutschland. Eine Einführung in Struktur und Funktionsweise.* 3., aktual., vollst. überarb. Auflage, Bern: Huber.
- in Form von Fußnoten (deutschsprachige Zitierweise): Eine Fußnote verweist im Anschluss an das Zitat auf eine Anmerkung, in der die bibliografischen Angaben genannt werden. Dabei kann die Quellenangabe entweder in Form eines Kurzbelegs oder eines Vollbelegs erfolgen, d. h., alle Angaben des zitierten Werks werden – zusätzlich zum Literaturverzeichnis – in der Fußnote angegeben.

Der **Zitierstil** legt fest, mit welchen Satzzeichen (z. B. Komma, Doppelpunkt oder Semikolon) die Elemente einer Literaturangabe voneinander getrennt werden oder ob der Verfassernamen z. B. in Kapitälchen gelayoutet wird. Achten Sie darauf, dass

Sie den einmal festgelegten Zitierstil in Ihrer gesamten wissenschaftlichen Arbeit einheitlich und konsequent verfolgen, damit Ihre Quellenangaben nicht wie in Beispiel 3.2 aussehen.

**BEISPIEL 3.2**

Beispiel einer wissenschaftlichen Arbeit, der kein konsequent einheitlicher Zitierstil zugrunde liegt:

- (Freyer, 2011: S. 120)
- (Kaspar 1996, 22)
- (Scherenberg (2011), S. 71)
- (Simon 2009, S. 8)
- (OBERENDER 2002, S. 30)
- (Weiß, 2010, S. 98)

Entscheiden Sie sich vor dem Schreiben für einen Zitierstil. Führen Sie vor Beendigung einer wissenschaftlichen Arbeit immer eine Kontrolle durch und prüfen Sie, ob Sie einheitlich und konsequent nur einen Zitationsstil verwendet haben.

Für eine direkte und gute Nachvollziehbarkeit des Gelesenen empfiehlt es sich, Kurzbelege im Text (angloamerikanische Zitierweise) anzuführen – allerdings gibt es auch hier universitäts- und studienfachabhängig bestimmte Vorgaben, nach denen Sie sich zu Beginn Ihrer Arbeit erkundigen sollten.

Sie können wörtlich (direkt) oder sinngemäß (indirekt) zitieren. Bei **direkten Zitaten** werden die Aussagen des Autors direkt übernommen. Dabei darf nicht einmal ein Wort oder ein Buchstabe geändert werden. Direkte Zitate müssen grundsätzlich in Anführungszeichen gesetzt werden. Ein Beispiel für ein direktes Zitat ist:

- „Gesundheit schafft Wachstum und Arbeit." (Müller, 2010, S. 26)

In Verbindung mit direkten Zitaten finden die folgenden Signalwörter häufig Verwendung (vgl. Voss, 2017, S. 118):

- Müller (2010) vertritt folgende Auffassung: „Gesundheit schafft Wachstum und Arbeit." (S. 26)
- Müller (2010) glaubt hingegen: „Gesundheit schafft Wachstum und Arbeit." (S. 26)
- Müller (2010) schließt daraus: „Gesundheit schafft Wachstum und Arbeit." (S. 26)
- Müller (2010) vermutet: „Gesundheit schafft Wachstum und Arbeit." (S. 26)
- „Gesundheit schafft Wachstum und Arbeit", fasst Müller (2010, S. 26) zusammen.

Einige *Besonderheiten* sind beim direkten Zitieren zu beachten:

- Liegen im Text Rechtschreibfehler vor, so sind diese zu übernehmen. Sie haben aber die Möglichkeit, die Rechtschreibfehler zu kennzeichnen: Dafür ergänzen Sie nach dem Zitat den lateinischen Begriff sic in eckigen Klammern, kursiv und ohne Ausrufezeichen [*sic*]. Das meint „wirklich so".
- Nehmen Sie an dem zitierten Text Kürzungen vor, so sind die Stellen der Weglassung durch Punkte in eckigen Klammern [...] zu kennzeichnen:[3]
  - Auslassungen mehrerer Wörter kennzeichnen Sie durch drei Punkte [...]
  - Auslassungen von einem Wort durch zwei Punkte [..]
  - Auslassungen einzelner Buchstaben durch einen Punkt [.]
- Fügen Sie dem zitierten Text zum besseren Verständnis einige Wörter hinzu, so sind diese in Klammern zu setzen. Am Ende des Einschubs vermerken Sie in eckigen Klammern [Anm. d. Verf.] (kurz für: Anmerkung des Verfassers).
- Die Angabe der zitierten Quelle muss mit exakter Seitenangabe des Zitats erfolgen.

3 Es gibt auch die Variante mit runden Klammern (...).

Zitiertes zitieren – Sekundärzitate: Sollten Sie in seltenen Fällen nicht an eine Originalquelle herankommen, dann verweisen Sie durch „zitiert nach" darauf, wer wen zitiert hat. Allerdings sollte diese Zitierweise nur im absoluten Ausnahmefall Verwendung finden: (Müller, 1955, S. 12, zit. n. Schmidt, 2010, S. 26).

Mittels **indirekter Zitate** werden fremde Gedankengänge in eigenen Worten wiedergegeben. Dabei muss der Zitatumfang (Anfang und Ende) eindeutig gekennzeichnet sein. Anders als bei direkten Zitaten erfolgt keine Kennzeichnung durch Anführungszeichen. Je nach Zitierstil kann durch die Anmerkung „vgl." (= vergleiche) auf ein indirektes Zitat verwiesen werden.

Eine exakte Unterscheidung direkter und indirekter Zitate muss immer eingehalten werden.

Bei mehreren Zitaten unterschiedlicher Autoren in einem Absatz ist eine klare Trennung der unterschiedlichen Gedanken nötig, damit eine korrekte Zuordnung gewährleistet ist. Bei mehreren Quellen werden die verschiedenen Angaben z. B. durch ein Semikolon (;) getrennt. Beispiele für indirekte Zitate sind:

- Wie Müller (2010) vermutet, wird Gesundheit neben Wachstum auch Arbeit schaffen (S. 26).
- Die Gesundheitswirtschaft wird langfristig für mehr Arbeitsplätze sorgen (vgl. Nefiodow, 2002; Oberender, 2002, S. 53 ff.).

**ÜBUNG 3.2:**

Beurteilen Sie, ob in den folgenden Beispielen direkt oder indirekt zitiert wird. Ist der Zitierstil korrekt ausgeführt?

a) „Bei Frauen liegt der Anteil der seelisch Belasteten in den Altersgruppen 18 bis 44 Jahre etwa bei 13 %; ab dem 45. Lebensjahr beträgt der Anteil der seelisch Belasteten etwa 15 %. Bei Männern dagegen ist in den ‚produktiven' Jahrgängen zwischen 30 und 64 Jahren ein höherer Anteil seelisch belastet, als bei den jüngeren oder älteren Geschlechtsgenossen." (Robert Koch-Institut, 2012, S. 73)

b) Aus dem GEDA 2010 geht hervor, dass Frauen häufiger als Männer von seelischen Belastungen betroffen sind (Robert Koch-Institut, 2012, S. 73).

c) „Psychische Gesundheit ist zusammen mit körperlicher Gesundheit entscheidend für die individuelle Lebensqualität [...] [und, Anm. des Verfassers] kann als vielschichtiger Prozess verstanden werden, der aus einer gelungenen Balance von Schutz- und Risikofaktoren besteht." (vgl. Robert Koch-Institut, 2012, S. 73)

d) Bei Frauen liegt der Anteil der seelisch Belasteten in den Altersgruppen 18 bis 44 Jahre etwa bei 13 % (Robert Koch-Institut, 2012, S. 73).

In wissenschaftlichen Arbeiten sind die in Tabelle 3.1 aufgeführten Abkürzungen bei Quellenangaben üblich und sollten auch in Ihren Arbeiten Verwendung finden (vgl. Weber, 2017, S. 142):

**Tab. 3.1:** Wichtigste Abkürzungen bei Quellenangaben

| | |
|---|---|
| **f.** | folgende Seite (S. 100 f. steht für S. 100–101) |
| **ff.** | fortfolgende Seite (S. 100 ff. steht für S. 100–105)<br>*ff. wird bei mehr als einer weiteren Seite verwendet* |
| **o.J.** | ohne Jahr |
| **o.V.** | ohne Verfasser |
| **S.** | Seite |
| **vgl.** | vergleiche |

## Zitation von Abbildungen und Tabellen

Neben Texten können auch Abbildungen, Tabellen, Grafiken, Bilder etc. von fremden Quellen übernommen werden: entweder direkt oder indirekt. Wird der Inhalt unverändert, also zeichengetreu übernommen, dann handelt es sich um eine direkte Übernahme der Abbildung. Dies ist der Fall, wenn Sie eine Darstellung scannen und in Ihre Arbeit einfügen oder aber die Darstellung selber erstellen bzw. nachkonstruieren. Dabei muss Ihre Darstellung 100 Prozent mit dem Original übereinstimmen. In allen anderen Fällen handelt es sich um eine abgeänderte Darstellung, die indirekt übernommen wurde.

Die Quellenangabe wird unterhalb der Darstellung angegeben oder neben der Tabellenüberschrift. Bei direkter Übernahme der Inhalte folgt der Kurzbeleg entsprechend den Standards direkter Zitate. Wird die Darstellung abgeändert bzw. basiert sie auf fremden Gedanken, Ideen, Aussagen, Statistiken etc., dann wird die Angabe „eigene Darstellung in Anlehnung an …" empfohlen. Nur, wenn die Darstellung allein auf eigenen Ergebnissen basiert, dann erfolgt die Angabe: „eigene Darstellung".

Bitte beachten Sie, dass es andere Zitationsvarianten gibt, z. B. „modifiziert nach Müller, 2011, S. 2" oder auch „vgl. Müller, 2011, S. 2". Wichtig ist, dass Sie sich für eine Variante entscheiden und diese konsequent beibehalten.

### Literaturverzeichnis

In das Literaturverzeichnis gehören alle Quellen, die Sie im Text oder für eine Darstellung verwendet und als Kurzbeleg angegeben haben (und nur die!). Die Reihenfolge wird nach den Nachnamen alphabetisch sortiert und richtet sich bei mehreren Autoren nach dem erstgenannten Autor. Die Autoren werden in der Reihenfolge angegeben, in der sie in der Quelle stehen.

**HINWEIS**

Werden mehrere Beiträge eines Autors aus einem identischen Jahr angegeben, wird im Literaturverzeichnis unterschieden, z. B. 2016a und 2016b.

Bei den Quellenangaben gibt es verschiedene Aspekte zu bedenken. So ist eine Monografie anders anzugeben als ein Beitrag in einem Sammelband oder ein Artikel aus einer Fachzeitschrift. Wie verhält es sich bei Büchern mit mehreren Autoren und wie werden Beiträge aus dem Internet ins Literaturverzeichnis aufgenommen? Eine ausführliche Darstellung mit Beispielen zu all diesen und weiteren Quellenangaben steht Ihnen als Download zur Verfügung. Bedenken Sie, dass es sich dabei lediglich um einen möglichen Stil handelt; Vorgaben Ihres Instituts können davon abweichen.

Beispiele zur Zitation und zur Recherche finden Sie zusammen mit allen Checklisten im Downloadcenter des Verlags unter dieser Publikation.

**ÜBUNG 3.3:**

Folgendes Literaturverzeichnis findet sich in einer wissenschaftlichen Arbeit. Was fällt Ihnen auf den ersten Blick auf? Verbessern Sie die Darstellung bzw. beschreiben Sie mögliche Mängel:

- Baddeley, A. (2003). *Nature reviews Neuroscience*, 4 (10), S. 829–839.
- Tiedemann, C. (2016)! *„Sport" – Vorschlag einer Definition.* http://www.sportwissenschaft.uni-hamburg.de/tiedemann/documents/DefinitionSport.pdf
- Decker; Decker (2015). 2. Auflage, Wiesbaden: Gabler (Edition Rosenberger).
- WHO – World Health Organization (1986): Ottawa-Charta zur Gesundheitsförderung. (18.09.2017).
- Kuhl, J. (2010). *Lehrbuch der Persönlichkeitspsychologie. Motivation, Emotion und Selbststeuerung.* Göttingen u. a.
- Roßteutscher, S. (2013). Werte und Wertewandel. In: Mau, S.; Schöneck, N.: Handwörterbuch zur Gesellschaft Deutschlands. 3., grundlegend überarb. Auflage, Wiesbaden: Springer.
- Abel, T. (2017). *Bewegung und Gesundheit bei Menschen mit Behinderung.* In: Banzer, W. (Hrsg.). Berlin, Heidelberg: Springer, S. 393–401.
- Alfs, Christian (2014): *Sportkonsum in Deutschland.* Wiesbaden: Springer.
- Scherenberg (2018). *Gesundheitsökonomische Evaluationen kompakt. Für Studium, Prüfung und Beruf.* 3. Auflage, APOLLON University Press.
- Duttler, G. *Zur Bedeutung der (Sport)Freude im Kontext gesundheitsförderlicher körperlicher Aktivität.* In: Becker, S. (Hrsg.): Aktiv und Gesund? Interdisziplinäre Perspektiven auf den Zusammenhang zwischen Sport und Gesundheit. Wiesbaden: Springer, S. 127–152.
- BAR (2011). *Rahmenvereinbarung über den Rehabilitationssport und das Funktionstraining vom 1. Januar 2011.* https://www.bar-frankfurt.de/fileadmin/dateiliste/publikationen/empfehlungen/downloads/Rahmenvereinbarung_Rehasport_2011.pdf (19.09.2017).

Bitte beachten Sie bei der Zitation immer auch folgende Hinweise:

- Die bibliografischen Angaben sollten so vollständig wie möglich sein.
- Bei Monografien können Sie die bibliografischen Angaben in den meisten Fällen über die Seite nach dem inneren Titelblatt beziehen.
- Titel und akademische Grade von Autoren und Herausgebern werden im Literaturverzeichnis und im Kurzbeleg **nicht** angegeben.
- Schließen Sie jeden Eintrag im Literaturverzeichnis mit einem Punkt ab.
- Bei Verlagspublikationen ist der Verlagsort gleich dem Erscheinungsort.
- Informationen aus (elektronischen) statistischen Datenbanken:
  - Statistisches Bundesamt (2017a). *Krankheitskosten 2015: Anteile nach Krankheitsklassen in %.* https://www.destatis.de/DE/ZahlenFakten/GesellschaftStaat/Gesundheit/Krankheitskosten/Krankheitskosten.html (18.07.2018).
  - Statistisches Bundesamt (2017b). *Krankheitskosten 2015: Anteile nach Geschlecht und Alter in %.* https://www.destatis.de/DE/ZahlenFakten/GesellschaftStaat/Gesundheit/Krankheitskosten/Krankheitskosten.html (28.09.2017).
- Angabe von Interviewquellen: Wenn Sie ein Interview durchführen, ist dieses zu belegen, z. B. in der Fußnote. Beachten Sie, dass die Nachprüfbarkeit der Interviews gewährleistet ist. Bei Bedarf kann die Hochschule diese anfordern.
- Gesetzestexte werden i. d. R. nicht im Literaturverzeichnis aufgenommen. Sie können extra in einem Rechtsquellenverzeichnis benannt werden.

### 3.1.3 Literaturverwaltungsprogramme

Je wissenschaftlicher Sie im Laufe Ihres Studiums arbeiten werden, umso schwieriger wird es, einen Überblick über Ihre Literaturquellen zu behalten und diese zu managen. Hierbei kann Ihnen ein geeignetes Literaturverwaltungsprogramm helfen.

Die Hauptfunktion eines Literaturverwaltungsprogramms liegt in der schnellen und unkomplizierten Einbindung der bibliografischen Angaben in den eigenen Text. Dadurch erfolgen die Angabe der zitierten Literatur und ihre Dokumentation im

Literaturverzeichnis weitgehend automatisiert. All Ihre zitierten Quellen – und nur diese – werden im Literaturverzeichnis benannt. Ein Literaturverwaltungsprogramm ist der sicherste Weg zu einem vollständigen Literaturverzeichnis, denn auch nach Textkürzungen stimmen Ihre Quellenangaben mit denen im Literaturverzeichnis überein. Darüber hinaus bieten Literaturverwaltungsprogramme weitere Vorteile, die sich durch die Nutzung möglicher Funktionalitäten ergeben:

- Einige bieten Schnittstellen zu Datenbanken und Katalogen, z. B. zu MEDLINE oder dem Gemeinsamen Bibliotheksverbund, die eine Literaturrecherche aus dem Literaturverwaltungsprogramm heraus ermöglichen. Dadurch können die recherchierten Publikationen automatisch in die eigene Literatursammlung übernommen werden, sodass die bibliografischen Angaben nur noch durch Sie als Nutzer kontrolliert und evtl. vervollständigt bzw. korrigiert werden müssen.
- Manche ermöglichen es, Gruppen für die Literaturliste zu erstellen. Das heißt, Sie können Ihre Literatur nach unterschiedlichen Schwerpunkten gruppieren und Datensätze untereinander verknüpfen.
- Die meisten bieten unterschiedliche Zitierstile, die zur Verfügung stehen und angepasst werden können.
- Häufig stehen Funktionalitäten zur kooperativen Nutzung und Bearbeitung durch mehrere Nutzer zur Verfügung.
- Wissensorganisation: Notizenfunktion, Vergabe von Schlagwörtern, Aufgabenplanung
- weitere Funktionalitäten: Einbindung von Dokumenten wie PDF-Dateien, Dublettencheck, Suchfunktionen
- Funktionalitäten wie Aufgabenplanung, Ablegen der PDF-Dateien, Notizenfunktion u. a.

Allerdings zeigt die Praxis, dass für einen sicheren Umgang mit einem Literaturverwaltungsprogramm ein Verständnis für das manuelle Erstellen eines Literaturverzeichnisses vorhanden sein sollte. Denn insbesondere das automatische Auslesen bibliografischer Angaben über Literaturdatenbanken und Kataloge ist immer mit der eigenen Quelle zu vergleichen und ggf. zu korrigieren. Dafür muss ein Bewusstsein für korrekte Literatur- und Quellenangaben vorhanden sein. Darüber hinaus ist es notwendig, sich intensiv in das Programm und seine Funktionen einzuarbeiten.

Mittlerweile gibt es neben kommerziellen Literaturverwaltungsprogrammen (z. B. Endnote) auch gute kostenfreie Produkte wie Zotero und Mendeley.

> Eine Übersicht verschiedener Literaturverwaltungsprogramme finden Sie im Downloadbereich im Dokument *Literaturverwaltung & Co.*

## Zusammenfassung

In diesem Kapitel haben Sie sich mit den Grundlagen des wissenschaftlichen Zitierens vertraut gemacht. Es ist zwischen direkten und indirekten Zitaten zu unterscheiden, d. h., es ist zu unterscheiden, ob es sich um eine wortgetreue (direktes Zitat) oder sinngemäße Übernahme (indirektes Zitat) von Textstellen handelt. Direkte Zitate müssen in Anführungszeichen gesetzt werden. Durch die Anmerkung „vgl." im Kurzbeleg kann auf ein indirektes Zitat verwiesen werden.

Alle verwendeten Quellen müssen korrekt und vor allem präzise belegt werden, um nicht zu plagiieren. Grundlegend werden zwei Zitierweisen unterschieden: Quellenangabe als Kurzbeleg im Text oder in Form von Fußnoten. Darüber hinaus gibt es unterschiedliche Zitierstile. Wichtig ist, dass Sie in Ihren Arbeiten einen Zitierstil immer einheitlich und konsequent verwenden.

## Aufgaben zur Selbstüberprüfung

> **HINWEIS**
> Die Aufgaben zur Selbstüberprüfung können Sie auch interaktiv online bearbeiten. Folgen Sie dazu diesem Link: http://www.aon.media/xq5q7u oder scannen den QR-Code.

**AUFGABE 3.1:**

Was ist ein direktes und was ein indirektes Zitat? Wann und wozu sollten Sie direkte Zitate einsetzen? Welche Besonderheiten müssen Sie beachten, um korrekt direkt bzw. indirekt zu zitieren? Belegen Sie Ihre Ausführungen.

**AUFGABE 3.2:**

Geben Sie den Kurzbeleg (als indirektes Zitat) für die in Übung 2.5a recherchierten Publikationen an. Geben Sie genauso für die Publikation in Übung 2.5b den Beitrag „Vorfahrt für die Patienten - Vorwort" von H. Lohmann an. Belegen Sie - bei gedruckten Publikationen - als Zitatstelle/Seite des Zitats jeweils die zweite Seite der Publikation.

**AUFGABE 3.3:**

Nehmen Sie die in der Übung 2.5b recherchierte Publikationen in ein Literaturverzeichnis auf: einmal als Herausgeberband und einmal als Beitrag von H. Lohmann.

**AUFGABE 3.4:**

Was ist unter einem Plagiat zu verstehen? Wie kann ein Plagiat vermieden werden?

## 3.2 Wissenschaftliches Schreiben

Der Hauptteil Ihrer wissenschaftlichen Arbeit besteht, wie Sie wissen, aus Ihrem eigenständig geschriebenen Text und nicht aus Zitaten. Um einen gut lesbaren und fachlich angemessenen Text zu schreiben, sollten Sie einige allgemeine sowie spezielle Aspekte beachten, die Ihnen im Folgenden vorgestellt werden.

### 3.2.1 Ansprüche und Formen wissenschaftlicher Arbeiten

**Hausarbeit:** In den meisten Fällen handelt es sich bei der Hausarbeit um die erste wissenschaftliche Arbeit in einem Studium, bei der sowohl die Arbeitsinhalte als auch die Strukturierung der Arbeit durch Sie selbst zu gestalten sind. In der Regel ist der Bearbeitungszeitraum hier recht überschaubar und der Umfang durch eine geringe Seitenvorgabe begrenzt. Vom Typ her handelt es sich bei der Hausarbeit zumeist um eine Literaturarbeit (vgl. Kap. 4.2) und nur in seltenen Fällen um eine empirische Arbeit. Dies liegt darin begründet, dass das Thema mit der gewählten Methodik im vorgegebenen Zeitrahmen und vom Umfang her bearbeitbar sein muss. Zudem muss auch die grundlegende Methodik einwandfrei beherrscht werden. Aber unabhängig davon, ob es sich um eine Literaturarbeit oder eine empirische Arbeit handelt, sind – wie Sie oben bereits gelernt haben – das bloße Zusammenschreiben und Zusammenfassen des Forschungsstands nicht das Ziel einer Hausarbeit. Dabei ist es in der Hausarbeit noch nicht entscheidend, ob das Arbeitsziel bereits von anderen Autoren erreicht wurde. Wichtiger sind die Eigenständigkeit im Konzept der Problembearbeitung (eigene Bewertung anhand festgelegter Bewertungskriterien), in der Darstellung und kritischen Auseinandersetzung mit den vorliegenden Erkenntnissen sowie die Verknüpfung eigenen und fremden Wissens. Inhaltlich muss Ihre Hausarbeit in einem Zusammenhang mit dem Modul stehen, in dem Sie sie schreiben.

**Bachelor-Thesis:** Durch das erfolgreiche Verfassen Ihrer Bachelor-Thesis kann Ihnen – sofern Sie alle erforderlichen Studienleistungen erbracht haben – der akademische Grad Bachelor of Arts (B. A.) oder Bachelor of Science (B. Sc.) verliehen werden. Mit der Thesis weisen Sie die Befähigung nach, eine gestellte Aufgabe aus dem Themengebiet Ihres Studiums in einem vorgegebenen Zeitraum selbstständig anhand wissenschaftlicher Methoden zu bearbeiten (vgl. Balzert et al., 2011, S. 87). Die Bachelor-Arbeit erfordert einen höheren zeitlichen Bearbeitungsaufwand und meist auch einen größeren Seitenumfang als die Hausarbeit. Dementsprechend zeichnet sich die Bachelor-Thesis – im Vergleich zur Hausarbeit – durch ein höheres Anspruchsniveau hinsichtlich der Anforderungen und Techniken des wissenschaftlichen Arbeitens und durch einen höheren Grad der geforderten Eigenständigkeit aus (vgl. Balzert et al., 2011, S. 87 f.; Voss, 2017, S. 23).

**Master-Thesis:** Voraussetzung für das Absolvieren einer Master-Thesis ist in der Regel, dass bereits ein Studium erfolgreich abgeschlossen wurde. Sie haben also schon einmal bewiesen, dass Sie die methodischen Voraussetzungen besitzen. Dementsprechend steigen die Erwartungen an das Niveau (insbesondere die Ansprüche an die wissenschaftliche Eigenständigkeit) der Master-Thesis. Hierbei handelt es sich um eine komplexe wissenschaftliche Arbeit, bei der auch Bearbeitungsdauer und Umfang höher sind (vgl. Balzert et al., 2011, S. 89).

Insgesamt ähneln sich Hausarbeit und Abschlussarbeit in vielen Aspekten. Dennoch können folgende Punkte identifiziert werden, in denen sich die Anforderungen unterscheiden (vgl. Balzert et al., 2011, S. 70):

- Grad der Forschung (beschreibt die Komplexität der Problemstellung)
- Grad der Selbstständigkeit
- Textumfang und Bearbeitungsaufwand

Die unterschiedlichen Anforderungen finden bei der Bewertung Ihrer Hausarbeit bzw. Thesis Berücksichtigung. Die vorgestellten Tipps sollten Sie aber dennoch schon bei einem relativ „kleinen“ Arbeitsprojekt wie einer Hausarbeit verfolgen; einerseits um das Vorhaben erfolgreich zu bewältigen, andererseits um die Erstellung einer wissenschaftlichen Arbeit nachhaltig zu erlernen und zu perfektionieren. Bei der Festlegung des Themas, der Strukturierung des Arbeitsprozesses und Gliederung der Arbeit sowie der Methodenwahl sind Sie nicht gänzlich auf sich allein gestellt. Ihr Betreuer unterstützt Sie und begleitet Sie bei diesem Prozess.

> Nutzen Sie die Hausarbeit als Chance, das wissenschaftliche Schreiben zur Routine werden zu lassen. Dann wird es Ihnen Freude und Spaß bereiten.

> **HINWEIS**
>
> Mehr zum konkreten Aufbau wissenschaftlicher Arbeiten finden Sie in Kapitel 4.3.

### Exkurs: Fallaufgaben

In einigen Studiengängen, und insbesondere im Fernstudium, arbeiten Sie in starkem Umfang mit Fallaufgaben bzw. Fallstudien („case studies"), um von Anfang an theoretische Konzepte mit der Praxis in Verbindung zu bringen. Eine Fallaufgabe ist eine in sich abgeschlossene Beschreibung einer realistischen Situation einschließlich der auf die Situation bezogenen Abläufe innerhalb einer Organisation, also z. B. innerhalb eines spezifischen Unternehmens. Dabei kann die Situationsbeschreibung der Fallaufgabe fiktional oder real sein; reale Szenarien werden in der Regel für die Lernsituation aufbereitet, damit sich das Wesentliche besser in den Vordergrund rücken lässt.

Fallaufgaben bilden z. B. eines der wichtigsten methodischen Instrumente im Rahmen eines Fernstudiums an der APOLLON Hochschule der Gesundheitswirtschaft (https://www.apollon-hochschule.de/). Je nach Universität und Studiengang gibt es jedoch eigene Vorgaben bzgl. der Formvorschriften und des speziellen Vorgehens; generell gilt: Bearbeiten Sie die Fallaufgabe systematisch (sorgfältiges Durchlesen der Aufgabenstellung, Notizen, Gliederung).

## 3.2.2 Schreibstil

Wie Sie in Kapitel 2.2.1 gelernt haben, handelt es sich bei wissenschaftlichen Arbeiten um Texte, die sich von anderen Texten unterscheiden: Sie stellen Sachthemen dar und setzen sich kritisch mit diesen auseinander. Dazu ist ein Stil erforderlich, der sich von anderen schriftlichen Arbeiten unterscheidet. Die folgenden Tipps und Hinweise sollen Ihnen dabei helfen, Ihren wissenschaftlichen Schreibstil zu finden:

- **zielgruppengerechtes Schreiben:** Bestimmen Sie zunächst die Zielgruppe Ihrer Arbeit und deren Hintergrundwissen. Während Ihres Studiums handelt es sich bei Ihrer Zielgruppe meist um sachkundige Experten, z. B. um Ihre Tutoren oder Ihre Betreuer bzw. Gutachter der Haus- oder Abschlussarbeit. Bei Fallaufgaben wird Ihnen die Zielgruppe durch fiktive Situationen vorgegeben, sodass Sie sich auch auf diese Besonderheiten einstellen müssen. Berücksichtigen Sie diese Aspekte bei Ihrer Entscheidung darüber, welche Sachverhalte in welchem Umfang abgebildet werden, und stellen Sie immer sicher, dass der Leser den Inhalt in Ihrem Sinne interpretieren kann und der Inhalt ggf. auch für einen Laien verständlich ist.

- **Definition zentraler Begriffe:** Klären Sie zentrale Begriffe. Dadurch erzielen Sie ein gemeinsames Textverständnis und legen fest, in welcher Bedeutung sie in Ihrer Arbeit Verwendung finden. Dafür müssen Sie zunächst die zentralen Begriffe identifizieren. *Merkregel:* Alle zentralen Begriffe aus dem Titel der Arbeit oder Ihrer Fragestellung sollten definiert und ggf. auch von anderen Definitionen abgegrenzt werden.
- **Einsatz von Fremdwörtern:** Vermeiden Sie einen übertriebenen Einsatz von Fremdwörtern, da dadurch Pseudowissenschaftlichkeit vorgetäuscht und die Verständlichkeit des Textes erschwert wird. Eignen Sie sich aber zunehmend die Terminologie Ihrer Fachdisziplin an und lernen Sie, diese angemessen zu verwenden. Fachtermini ermöglichen es, komplexe Zusammenhänge und Sachverhalte verdichtet und präzise zu fassen.
- **umgangssprachliche Ausdrücke:** Verwenden Sie keine saloppen Formulierungen und umgangssprachlichen Ausdrücke wie z. B. „enorm", „wahnsinnig", „tipp topp". Vermeiden Sie die journalistische, blumige oder plakative Sprache, wenn es keinen besonderen Grund für deren Anwendung gibt. Verzichten Sie auch auf die Verwendung ungerechtfertigter Superlative und leerer Phrasen. Begründungen sollten in wissenschaftlichen Arbeiten vielmehr plausibel, nachvollziehbar und stichhaltig sein.
  - *Bad Practice*, z. B.: „Eine dolle Methode, die man nur wärmstens empfehlen kann."
  - *Best Practice*, z. B.: „Hierbei handelt es sich um eine anerkannte, wissenschaftlich fundierte Methode" (vgl. Müller, 2012, S. XY; Meyer, 2010, S. XY).
- **verwendete Person:** Die Ich-, Wir- und Man-Form ist in wissenschaftlichen Arbeiten zu vermeiden. Formulieren Sie neutral, indem Sie z. B. schreiben:
  - „nach Ansicht des Verfassers"
  - „hierzu ist festzuhalten" oder
  - „es zeigt sich, …".
- **Füllwörter:** Verzichten Sie auf Füllwörter wie „nun", „jetzt", „jedoch" usw.

- **Pseudo-Argumente:** Auch Pseudo-Argumente wie z. B. „Daraus folgt natürlich …" und leere Floskeln sollten nicht in eine wissenschaftliche Arbeit einfließen. Argumentieren Sie sachlich und belegen Sie Ihre Feststellungen. Ausschweifungen entstehen leicht, wenn dem Schreibenden die Zielsetzung seiner wissenschaftlichen Arbeit nicht ganz klar ist oder Zusammenhänge nicht verstanden werden. Der Schreibstil muss neutral sein.
- **Argumentieren Sie sachlich:** Belegen Sie Ihre Behauptungen und formulieren Sie Ihre Gedankengänge vollständig und nachvollziehbar aus. Zeigen Sie Zusammenhänge auf und machen Sie dem Leser diese verständlich. Verzichten Sie dabei auf Polemik, Andeutungen, Witze und emotionale Argumentationen.
- **stringente Argumentation:** Ihre Argumente sollten logisch und nachvollziehbar sein und in einem gedanklichen Zusammenhang zueinander stehen. Dies erreichen Sie durch einen strukturierten analytischen Umgang mit den Inhalten.
- **Einsatz verständnisfördernder Elemente:** Durch Abbildungen und Tabellen können komplexe Zusammenhänge verständlicher dargestellt werden. Auf jede Abbildung und Tabelle ist im Text Bezug zu nehmen.
- **Aktualität:** Stellen Sie Bezüge zu aktuellen, themenrelevanten Ereignissen her. Jede wissenschaftliche Arbeit muss sich mit dem aktuellen Forschungsstand auseinandersetzen. Verwenden Sie also in Ihren Arbeiten weitestgehend aktuelle Literaturquellen und Statistiken.

Ein geeignetes Mittel, um sich den wissenschaftlichen Schreibstil anzueignen, ist das Lesen gut geschriebener wissenschaftlicher Arbeiten, z. B. Artikel in wissenschaftlichen Fachzeitschriften. Durch das Lesen solcher Fachartikel lernen Sie die wissenschaftlichen Fachtermini kennen und können den Schreibstil verinnerlichen. Schreiben Sie sich häufig genutzte wissenschaftliche Phrasen heraus, um daraus eigene Formulierungen zu entwickeln.

**ÜBUNG 3.4:**

Identifizieren Sie die Schwachstellen aus dem folgenden fiktiven Auszug einer wissenschaftlichen Arbeit:

Psychische Erkrankungen sind mittlerweile verbreitet, da es enorm viele Menschen gibt, die bereits an einer psychischen Störung leiden. In Deutschland wachsen zwischen drei und vier Millionen Kinder und Jugendliche mit psychischen Erkrankungen auf (vgl. Müller, 1975, S. XY). Bei einer Essstörung wünschen sich Erkrankte schlanker zu sein. Kinder, die in Familien aufwachsen, in denen ein Elternteil psychisch krank ist, sind jedoch in heftiger Weise davon betroffen und daraus folgt natürlich, dass für sie das Risiko erhöht ist, selbst eine psychische Störung zu entwickeln. Zahlreiche Untersuchungen schätzen nun, dass diese Kinder etwa zwei- bis dreimal so oft psychisch erkranken wie andere Kinder. Mein Ziel ist es, in der Arbeit herauszufinden, warum das so ist.

### Wissenschaftliche Tabellen und Abbildungen

Abbildungen und Tabellen verdichten Informationen und erleichtern die Verständlichkeit der Texte. Sie helfen beim Erkennen von Zusammenhängen und Argumentationswegen. Daneben sorgen Sie für Abwechslung vom geschriebenen Text – achten Sie aber darauf, dass Sie Abbildungen stets sinnvoll einsetzen. Obwohl die Abbildungen und Tabellen selbsterklärend sein sollen, muss immer ein Textbezug erfolgen, da jede Darstellungsform eine Verkürzung ist und einen Interpretationsspielraum zulässt („vgl. Abbildung xy“).

Die Ziele von Abbildungen und Tabellen sollten sein (Balzert et al., 2011, S. 257):

- „das Geschriebene verdeutlichen,
- schnellen und störungsfreien Transport zum Leser unterstützen,
- schwere und trockene Inhalte zugänglich machen,
- Übersicht liefern und komplexe Inhalte überschaubar machen,
- Bestandteile, Abhängigkeiten und Zusammenhänge aufzeigen,

- Strukturen und Abläufe vor Augen führen,
- das Behalten erleichtern."

Falls Sie Sachverhalte in Ihrer wissenschaftlichen Arbeit durch Abbildungen und Tabellen verdeutlichen wollen, beachten Sie bitte Folgendes:

- Abbildungen sind zu nummerieren und mit einer Abbildungsunterschrift zu versehen. Beschriften Sie bei Diagrammen ggf. auch die Achsen.
- Prüfen Sie, ob die Abbildungen möglichst selbsterklärend sind; ergänzen Sie ggf. erläuternde Hinweise.
- Tabellen sind zu nummerieren und mit einer Tabellenüberschrift zu versehen.
- Überprüfen Sie die Übereinstimmung von Text und Abbildung/Tabelle.
- Verzichten Sie - weitestgehend - auf Abbildungen bzw. Tabellen, die über mehrere Seiten gehen.
- Abbildungen und Tabellen sind dort zu platzieren, wo der in ihnen behandelte Sachverhalt dargestellt wird.
- Es ist immer zu prüfen, ob die Abbildung und die Daten aus der Tabelle einen deutlichen Bezug zu den beschriebenen Sachverhalten aufweisen.
- Geben Sie immer die Quelle an. Die Quellenangabe erfolgt hinter der Abbildungsunterschrift bzw. der Tabellenüberschrift.

> **!** Schauen Sie sich für die richtige Zitation von Abbildungen und Tabellen das Dokument „Hinweise zur Zitation und zum Literaturverzeichnis" an, das beispielhaft die Standards der APOLLON Hochschule darstellt. Die Datei steht Ihnen als Download zur Verfügung.

### Wissenschaftliche Fußnoten

Bei einer Fußnote handelt es sich um eine hochgestellte Zahl, die auf einen Anmerkungstext am Seitenende verweist und die gleiche Zahl aufweist. Fußnoten werden entweder fortlaufend durchnummeriert oder sie können auf jeder Seite neu mit der

Fußnotennummer 1 beginnen. Fußnoten bieten die Möglichkeit, Informationen, die direkt im Text stören würden, aber wichtige Erläuterungen und Beschreibungen für interessierte Leser liefern, aus dem Text auszulagern und an den Rand zu verschieben. Achten Sie darauf, wie lang der Fußnotentext wird - ab einer gewissen Länge ist es zu überlegen, ob er nicht doch in den Haupttext gehört.

#### Überschriften

Überschriften müssen knapp und prägnant formuliert werden. Sie müssen aussagekräftig (eindeutig, genau, treffend, vollständig und schnell verständlich) sein. Nichtssagende Überschriften, wie *Allgemeine Grundlagen* oder *Sonstige Ergebnisse,* sollten vermieden werden. Jede Überschrift sollte für sich alleine gelesen verständlich sein, jedoch keine vollständigen Sätze, keine Halbsätze und nur in Ausnahmefällen Fragesätze sein.

### Zusammenfassung

Nun haben Sie einen Überblick zu den grundlegenden Formen wissenschaftlicher Arbeiten und den damit verbundenen Anforderungen erhalten, sodass Sie genauer wissen, was jeweils auf Sie zukommt. Eine weitere Orientierung für die Schreibarbeit geben die Hinweise zum wissenschaftlichen Schreibstil, den Sie an die entsprechende Zielgruppe anpassen sollten, indem Sie z. B. Fremdwörter erklären, Fachtermini gezielt verwenden und Füllwörter vermeiden. Verständnisfördernd können neben dem Text andere Darstellungsarten wie Abbildungen und Tabellen sein.

### Aufgaben zur Selbstüberprüfung

**HINWEIS**

Die Aufgaben zur Selbstüberprüfung können Sie auch interaktiv online bearbeiten. Folgen Sie dazu diesem Link: http://www.aon.media/12snff oder scannen den QR-Code.

**AUFGABE 3.5:**

Erläutern Sie, wie in einer wissenschaftlichen Arbeit argumentiert werden sollte.

**AUFGABE 3.6:**

Welche Aspekte sind bei der Formulierung von Kapitelüberschriften zu berücksichtigen?

# 4 Wissenschaftliche Texte erstellen

*Nach Durcharbeiten des Kapitels → 4.1 ist Ihnen die Bedeutung des passenden Themas für Ihre Arbeit bewusst. Sie werden mit Techniken der Ideenfindung sowie Themeneingrenzung vertraut gemacht, um Ihre forschungsleitende Fragestellung sowie die Zielsetzung ableiten zu können. Im zweiten Unterkapitel setzen Sie sich mit den Forschungsmethoden systematischer Literaturanalyse, quantitativer und qualitativer Forschung auseinander (→ 4.2), und schließlich geht es um den genaueren Aufbau und die Grundlagen der Gliederung wissenschaftlicher Arbeiten in → 4.3.*

## 4.1 Themenfindung

Der Prozess des wissenschaftlichen Arbeitens startet mit der Findung eines passenden Themas; gefolgt von einer ersten Eingrenzung und der Ableitung der daraus resultierenden Fragestellung. Dabei stehen Thema, Problemstellung (Untersuchungsproblem), Fragestellung, Zielsetzung und Methodik in enger Beziehung zueinander. Aber auch die Struktur, also der Aufbau der Arbeit (roter Faden), ergibt sich aus der Themeneingrenzung. An diesem Umstand ist bereits zu erkennen, wie wichtig die Entscheidung für ein passendes (tatsächlich umsetzbares) Thema ist. Es handelt sich hierbei also um eine Entscheidung, die nicht voreilig getroffen werden sollte, und um eine Aufgabe, die eine eigene Herausforderung darstellt. Bevor Techniken fokussiert werden, die sich zur Bewältigung dieses Problems einsetzen lassen, soll zunächst die Bedeutung des Themas für Ihre Arbeit vertieft werden.

### 4.1.1 Bedeutung des passenden Themas

> „Das ‚richtige' Thema für eine wissenschaftliche Arbeit zu wählen, ist die erste wesentliche Entscheidung im Prozess des wissenschaftlichen Arbeitens." (Kollmann et al., 2016, S. 7)

Insbesondere bei längeren wissenschaftlichen Arbeiten wird der Erfolg immer in Zusammenhang mit der Freude an der Erstellung der Arbeit stehen. Damit die Arbeit Ihnen Freude bereitet und Sie sie erfolgreich meistern werden, sollten folgende Aspekte bei der Entscheidung für ein Thema berücksichtigt werden:

- *persönliches Interesse:* Eine der zentralen Voraussetzungen für das Gelingen Ihrer wissenschaftlichen Arbeit ist das persönliche Interesse am Thema. Nur dann werden Sie Spaß an der Bearbeitung des Themenbereichs haben und mögliche Motivationstiefs und Krisen, die sich durch lange und intensive Bearbeitungszeiten ergeben können, erfolgreich bewältigen. Sie sollten also eine grundsätzliche Neugierde für Ihr Thema mitbringen und Ihre Arbeit als Chance begreifen, sich vertiefter mit einer bestimmten Fragestellung beschäftigen zu dürfen, und sich darauf freuen, etwas Eigenständiges erarbeiten zu können.
- *Bezug zu dem Modul/Studiengang, in dem Sie die Arbeit anfertigen:* Hierbei handelt es sich um eine Mindestanforderung, deren Beachtung eine Voraussetzung für die Zulassung Ihrer Arbeit darstellt. Prüfen Sie also, worin die Relevanz für das entsprechende Modul oder Fachgebiet liegt.
- *Verfügbarkeit von wissenschaftlichen Quellen zum Thema:* Zu dem Themenbereich, den Sie bearbeiten möchten, muss es hinreichend Publikationen und Studienmaterial geben. Publikationen sind die Grundlage Ihrer Arbeit. Ist dies nicht der Fall und es existieren keine oder nur sehr wenig Publikationen zu Ihrem Thema, können Sie es nicht gehaltvoll und wissenschaftlich fundiert bearbeiten. Gibt es hingegen eine große Menge an wissenschaftlicher Literatur zu diesem Thema, werden Sie mit der Schwierigkeit zu kämpfen haben, eine Fragestellung zu finden, anhand derer sich noch neue Erkenntnisse ableiten lassen; diese Perspektive benötigen Sie aber für den „Eigenanteil" Ihrer Arbeit.
- *Karriereziele:* Dieser Aspekt ist insbesondere für Ihre Thesis relevant. Dem Thema Ihrer Abschlussarbeit kommt eine Signalfunktion bei späteren Bewerbungen zu. Überlegen Sie sich, in welchen Branchen und Funktionsbereichen Sie arbeiten möchten und welche Methodenkompetenz Ihnen dabei behilflich sein kann.

Um ein für sich passendes Forschungsthema für die geplante Arbeit zu finden, sind die in Abbildung 4.1 aufgeführten Leitfragen hilfreich.

**Leitfragen: Themenfindung für die wissenschaftliche Arbeit**

- ✓ In welchen Bereichen Ihres Studiengangs/Moduls liegen Ihre persönlichen Neigungen und Interessen?
- ✓ Gibt es Themenbereiche, über die Sie sich gern informieren und mit anderen Personen austauschen?
- ✓ Gibt es aktuelle Trends im Themenbereich Ihrer Arbeit, die Sie interessieren?
- ✓ Welche Anforderungen/Methoden haben Sie während des Studiums gut und gern bewältigt?
- ✓ Haben Sie ein Interesse an bestimmten Branchen und Tätigkeiten („praxisbezogene Themen")?
- ✓ Welches Thema lässt sich mit zukünftig angestrebten Tätigkeitsfeldern verknüpfen?

**Abb. 4.1:** Leitfragen zur Themenwahl für Haus- und Abschlussarbeiten

### 4.1.2 Strategien der Themensuche und Themenauswahl

Um ein Thema zu finden und es einzugrenzen, sollten Sie auf Kreativitätstechniken zurückgreifen. Hierbei ist immer zwischen der Generierung von Ideen zur Themenfindung, der Themeneingrenzung sowie der Formulierung der Zielsetzung und Fragestellung zu unterscheiden. Wenn Sie Ihre Ideen zur Themenfindung sofort bewerten, laufen Sie Gefahr, Ihre kreativen Gedanken zu „ersticken". Zunächst sollten Sie also „möglichst viele, möglichst breite und interessante Themen oder Themengebiete identifizieren" (Kollmann et al., 2016, S. 8).

Nehmen Sie sich für diesen Schritt Zeit und arbeiten Sie das Thema sorgfältig aus.

- *Themenfindung anhand publizierter Praxisprobleme:* Identifizieren Sie zunächst die Branchen und Tätigkeitsfelder, die für Ihre Arbeit infrage kommen. In einem ersten Schritt müssen Sie diejenigen Quellen ausfindig machen, in denen z. B. die aktuellen Herausforderungen und Probleme diskutiert werden. Angenommen, Sie entscheiden sich dafür, sich bei Ihrer Themenwahl an aktuellen Problemen im Krankenhausmanagement zu orientieren: Eine Quelle könnte hier z. B. das Deutsche Ärzteblatt sein. Geben Sie in der Suchmaske z. B. die Begriffe „Krankenhausmanagement UND Herausforderungen" ein. Sie werden schnell aktuelle Artikel finden, die auf zu lösende Probleme hinweisen und Ihnen Anregungen liefern. Gehen Sie folgendermaßen vor (vgl. Kollmann et al., 2016, S. 8 f.):

- Machen Sie sich bewusst, welche Publikationsorgane Praktiker Ihres Forschungsbereichs zum Austausch nutzen: Branchenzeitschriften, Blogs u. a. Beziehen Sie auch Ihr Studienmaterial ein.
- Verschaffen Sie sich einen Überblick über die bis zu drei Jahre zurückliegenden Veröffentlichungen. Begriffe wie „Herausforderungen", „Probleme" oder „Auswirkungen" deuten oft an, welche Schwierigkeiten bestehen und wo es noch an Lösungsansätzen oder Neubetrachtungen mangelt.

■ *Themenfindung über wissenschaftliche Zeitschriften:* Auch wissenschaftliche Artikel sind ein ausgezeichnetes Mittel zur Themengenerierung. Hierbei sollten Sie sich innerhalb eines solchen Artikels insbesondere auf die Abschnitte „Ausblick/weiterer Forschungsbedarf" („Implications for future research") und „Diskussion der Arbeit" konzentrieren. Häufig wird in diesen Kapiteln der weitere Forschungsbedarf aufgezeigt. Eine Sammlung offener Punkte kann Auslöser einer wissenschaftlichen Arbeit sein und Ihnen helfen, Fragestellungen zu identifizieren. Auch eine Kombination theoretisch ungelöster Fragen kann zu einem eigenen Thema führen. Aber auch ein Durchsuchen von Literaturüberblicken (Reviews) und Forschungsberichten wissenschaftlicher Institutionen kann Forschungslücken aufzeigen. Dort wird der Status quo des Erreichten abgebildet. Gehen Sie folgendermaßen vor (vgl. Kollmann et al., 2016, S. 11):

- Legen Sie ein Forschungsfeld fest, das Ihr Interesse weckt.
- Suchen Sie die passenden Fachzeitschriften. Beziehen Sie auch SpringerLink und aktuelle Forschungsberichte von Institutionen in Ihre Recherche mit ein.
- Identifizieren Sie bis zu zehn ungelöste Problemstellungen aus den aktuellen Jahrgängen.

- *Themenfindung mittels Diplomarbeitsbörsen (Bachelor-/Masterarbeitsbörsen):* Plattformen wie Diplomarbeitsbörsen, die Sie im Internet ausfindig machen können, bieten die Möglichkeit, fertige Abschlussarbeiten zu publizieren. Die publizierten Abschlussarbeiten sind in einem Katalog gelistet und können zur Ideengenerierung für die eigene Arbeit genutzt werden. Häufig wird Ihnen zudem eine kurze Leseprobe der Arbeit kostenfrei zur Verfügung gestellt. Darüber hinaus lassen sich in den Diplomarbeitsbörsen Themen zu vergebenen Abschlussarbeiten von Unternehmen ausfindig machen.
- *Themenfindung durch Brainstorming:* Notieren Sie die Inhalte und Aspekte, die dem Forschungsbereich Ihres Arbeitsthemas zugeordnet werden können (vgl. Kollmann et al., 2016, S. 12):
  - Nehmen Sie sich fünf bis zehn Minuten Zeit, um alle Ideen aufzulisten, die Ihr gewähltes wissenschaftliches Themengebiet in Ihnen weckt.

Wenn Sie der Meinung sind, ein Thema für Ihre Arbeit gefunden zu haben, sollten Sie sich das Feedback zu Ihrem Themenvorschlag von Ihrem Betreuer einholen.

**ÜBUNG 4.1:**

Welche Möglichkeiten kennen Sie, um gezielt nach einem Thema zu suchen?

#### Präzisierung des Themas

Für die Ausarbeitung Ihrer Hausarbeit bzw. Thesis steht Ihnen nur ein begrenztes Zeitfenster zur Verfügung, sodass Sie den zeitlichen Aspekt bereits bei der Themeneingrenzung berücksichtigen müssen.

> „Gerade ambitionierte Studierende spannen den Rahmen ihrer Arbeit oftmals zu weit, da sie zu viel auf einmal erreichen wollen." (Kollmann et al., 2016, S. 8)

Ein Thema, das zu weit gefasst ist, kann den Verfasser inhaltlich überfordern und das Zeitmanagement außer Kraft setzen.

Unabhängig vom Umfang Ihrer Arbeit müssen Ihre Aussagen und Ergebnisse den wissenschaftlichen Qualitätskriterien (vgl. Kap. 1.2) standhalten und einen wissenschaftlichen Beitrag leisten. Das Thema darf also nicht nur oberflächlich betrachtet werden, vielmehr muss eine zielgerichtete Auseinandersetzung mit dem Thema erfolgen. Dafür ist es erforderlich, das Themengebiet und damit die Grenzen der wissenschaftlichen Arbeit gezielt abzustecken.

**BEISPIEL 4.1**

Ein Thema wie *„Übergewicht und Adipositas"* oder *„Betriebliche Gesundheitsförderung"* ist viel zu weit und auch zu allgemein gefasst. Sie werden es nicht umfassend und detailliert bearbeiten können. Je enger Sie das Thema formulieren, desto leichter wird Ihnen die Bearbeitung fallen.

Zu Beginn des Kapitels wurden bereits verschiedene Strategien erarbeitet, mittels derer Sie mögliche Themengebiete identifizieren können. Diese gilt es, in einem weiteren Schritt zu bewerten und einzugrenzen, um schließlich eine konkrete Fragestellung zu entwickeln. Denken Sie dabei auch daran zu prüfen, welche wissenschaftliche Methode (vgl. Kap. 4.2) für die Themenbearbeitung infrage kommt. Im Anschluss an die Themeneingrenzung ist ein „eindeutiges und klares Ziel" (Kollmann et al., 2016, S. 8) der Arbeit zu bestimmen.

### Möglichkeiten zur Bewertung des Themas

Zur Bewertung und Eingrenzung des Themas stehen Ihnen verschiedene Methoden zur Verfügung. Eine gute Hilfestellung bietet hier der Themenfächer (vgl. Abb. 4.2). Er ermöglicht es, verschiedene Aspekte des Themenbereichs voneinander abzugrenzen und Zusammenhänge zu visualisieren. Im Wesentlichen wird er durch zwei zentrale Schritte bestimmt:

> „In einem ersten Schritt gilt es, den Themenfächer möglichst weit aufzuspannen, um ihn dann in einem zweiten Schritt durch Selektion der vielversprechendsten Möglichkeiten wieder zu reduzieren." (Kollmann et al., 2016, S. 18)

Dabei werden vier verschiedene Ebenen unterschieden:

- Auf **Ebene I** sammeln Sie zunächst verschiedene Problemstellungen zu dem Thema Ihrer Arbeit.
- Im Anschluss daran (**Ebene II**) wählen Sie *eine* Problemstellung aus und ordnen ihr verschiedene Aspekte zu, deren nähere Analyse Ihnen interessant erscheint. Mittels der gefundenen Aspekte lässt sich die Problemstellung differenzieren und präzisieren. Während sich also Probleme noch auf einer allgemeineren Ebene der Betrachtung bewegen, beziehen sich die Aspekte schon konkreter und präziser auf das Untersuchungsmaterial. Beide Arbeitsschritte trainieren die Fähigkeit, Kategorien zu bilden; das bedeutet, Übereinstimmungen zwischen Merkmalen zu erkennen und zugleich Grenzen zu ziehen.
- Entscheiden Sie sich im Anschluss für einen Aspekt und sammeln Sie auf **Ebene III** möglichst viele Fragestellungen. Beim Formulieren der Fragen sollte man jedoch auch die benachbarten Aspekte im Auge behalten, zumal bei wissenschaftlichen Analysen der Umgang mit der Interdependenz unterschiedlicher Aspekte eine besondere Herausforderung darstellt. Denn einerseits begegnen einem permanent die diversen Verflechtungen der unterschiedlichen Aspekte und andererseits gilt es, einen einzigen Aspekt herauszulösen, um diesen detailliert untersuchen zu können.
- Anschließend (**Ebene IV**) versuchen Sie Antworten auf die Fragen zu finden, um zu prüfen, ob und wie sich die Fragestellung in der Arbeit beantworten lässt. Wenn Sie die vier Ebenen des Themenfächers durchlaufen haben, können Sie sowohl das Thema als auch die Forschungsfrage Ihrer Arbeit formulieren (vgl. Esselborn-Krumbiegel, 2017a, S. 54 ff.).

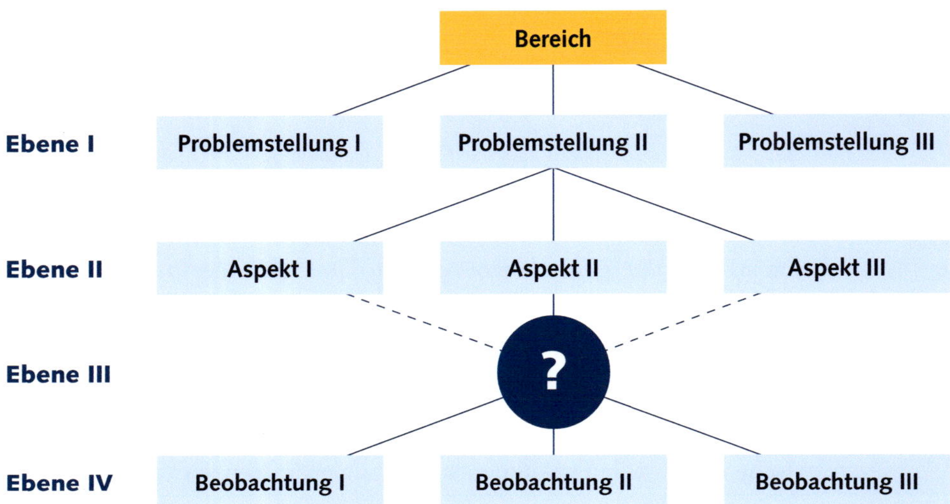


**Abb. 4.2:** Struktur des Themenfächers (Kollmann et al., 2016, S. 19; in Anlehnung an Esselborn-Krumbiegel, 2008, S. 56)

**ÜBUNG 4.2:**

In Beispiel 2.1 haben Sie gesehen, dass der Themenbereich *„Übergewicht und Adipositas"* ein breites Gebiet ist und enger formuliert werden muss. Setzen Sie dafür eine Technik zur Themen-Identifizierung ein und führen Sie die folgenden Arbeitsschritte aus. Sie können selbstverständlich auch ein eigenes Thema wählen:

- Identifizieren Sie mögliche Problemstellungen zum Themenbereich *„Übergewicht und Adipositas"* auf **Ebene I**.
- Entscheiden Sie sich für eine untergeordnete Problemstellung des Themenbereichs *„Übergewicht und Adipositas"*, die Sie interessiert und Ihnen vielversprechend erscheint.
- Konkretisieren Sie das Thema, indem Sie der Problemstellung mögliche untergeordnete Aspekte zuordnen und so das Thema genauer beschreiben (**Ebene II**).
- Recherchieren Sie zum Thema und differenzieren Sie die jeweiligen Aspekte aus. Sammeln Sie hierzu Fragen (**Ebene III**) und listen Sie sie auf.

- Nach der Auflistung der Fragen versuchen Sie Antworten auf die Fragen zu finden und festzustellen, anhand welcher Beobachtungen (Literatur, Studien, Erhebungen) sich die Fragen beantworten lassen (**Ebene IV**).
- Entscheiden Sie, welche Frage für Sie eine forschungsleitende Fragestellung bildet und ausreichend Material hergibt.

Weitere Möglichkeiten zur Eingrenzung eines Themas durch Konkretisierung des Anwendungsbereichs sind in Tabelle 4.1 aufgezeigt.

**Tab. 4.1:** Möglichkeiten zur Eingrenzung eines wissenschaftlichen Themas (vgl. Kornmeier, 2016, S. 53.)

| Kriterium zur Eingrenzung | Beispielhafte Themen |
|---|---|
| Anwendungsbereich konkretisieren („am Beispiel von") | Der Setting-Ansatz in der Gesundheitsförderung am Beispiel Schule |
| Aspekt auswählen („vor dem Hintergrund von") | Entwicklung der professionellen Pflege vor dem Hintergrund des demografischen Wandels in Deutschland |
| Festlegen der Betrachtungsebene | Strategien zur Sicherung des Fachkräftebedarfs von Pflegekräften in Deutschland |
| Herstellen von Beziehungen | Das Missverhältnis von Pflegebedürftigen und Pflegern in Deutschland |
| Hervorheben eines Einzelfalls („am Beispiel von") | Einfluss der betrieblichen Gesundheitsförderung am Beispiel der Volkswagenstiftung |
| Neues hervorheben | Möglichkeiten und Grenzen altersgerechter Assistenzsysteme in der Pflege in Deutschland |
| Schwerpunkt setzen („unter besonderer Berücksichtigung") | Gesundheitsökonomische Analysen von Rehabilitationsmaßnahmen unter besonderer Berücksichtigung genderspezifischer Aspekte in Deutschland |
| Einflussfaktoren spezifizieren | Soziale und umweltbezogene Determinanten von gesundheitlicher Ungleichheit in Deutschland |

### 4.1.3 Forschungsfrage

Sie haben nun das Thema Ihrer Arbeit gefunden, es eingegrenzt und über den Themenfächer (vgl. Kap. 4.1.2) sogar erste Fragestellungen identifiziert, die Sie mit Ihrer Arbeit untersuchen möchten.

- *Bedeutung der Forschungsfrage:* Die wissenschaftliche Fragestellung nimmt eine zentrale Bedeutung in Ihrer Arbeit ein. Denn nur die Beantwortung der Forschungsfrage liefert den Erkenntnisgewinn. Darüber hinaus bietet die Forschungsfrage der Arbeit Orientierung: Die Erfassung und Formulierung des Forschungsschwerpunkts in **einer** zentralen Frage werden Ihnen helfen, Ziel und Zweck Ihrer Arbeit klar und präzise zu definieren (vgl. Karmasin; Ribing, 2011, S. 25).

„Ziel der Forschungsarbeit sollte daher keine ungerichtete Auseinandersetzung mit dem Thema sein, sondern die konkrete Antwort auf die gestellte Forschungsfrage." (Wytrzens et al., 2012, S. 75)

- *Formulierung der Forschungsfrage:* Die Forschungsfrage sollte ausreichend präzise formuliert werden. Dabei sind folgende Aspekte zu beachten (vgl. Karmasin; Ribing, 2011, S. 25):
  - Fragestellung: Formulieren Sie die Frage als W-Frage (Was? Wie? Warum?) und achten Sie darauf, dass die Frage „offen" ist. Das heißt, die Antwortkategorien dürfen nicht vorgegeben sein (JA/NEIN).
  - Vermeiden Sie Vorannahmen wie: Warum ist die Influenza-Impfung wichtig?
- *Grundtypen von Forschungsfragen:* Es gibt fünf Grundtypen wissenschaftlicher Fragestellungen (vgl. Tab. 4.2), die sich dahingehend voneinander unterscheiden, welcher Wissenszuwachs mit ihrer Beantwortung erreicht werden soll (vgl. Wytrzens et al., 2012, S. 77).

Bei der Formulierung der Forschungsfrage sollte immer geprüft werden, mit welcher Methode diese Frage zu lösen ist.

**Tab. 4.2:** Grundtypen wissenschaftlicher Fragestellungen (Karmasin; Ribing, 2011, S. 27; Wytrzens et al., 2012, S. 77)

| Fragetyp | Leitfrage | Beispiel |
|---|---|---|
| Beschreibung | Wie ist die Situation? Wie sieht die Realität aus? | Wie hat sich die Arbeitszufriedenheit der Pflegekräfte im Pflegeheim zur Rose seit der letzten Mitarbeiterbefragung 2010 entwickelt?<br>▪ deskriptive Datenauswertung<br>▪ Klassifikation |
| Erklärung | Warum ist etwas der Fall? | Warum ist die Arbeitszufriedenheit im Pflegeheim zur Rose seit 2010 gestiegen?<br>▪ Suche nach Ursache-Wirkungsbeziehungen<br>▪ Hypothesen-/Theoriebildung |
| Prognose | Wie wird sich die Situation künftig entwickeln? Welche Veränderungen werden eintreten? | Wie wird sich die Arbeitszufriedenheit im Pflegeheim zur Rose künftig verändern?<br>▪ Vorhersage von Ereignissen, Entwicklungen, ...<br>▪ Vorhersage von Wirkungen |
| Gestaltung | Welche Maßnahmen sind geeignet, um ein bestimmtes Ziel zu erreichen? | Wie kann die Arbeitszufriedenheit im Pflegeheim zur Rose mithilfe einer Veränderung der Verhaltensprävention verbessert werden?<br>▪ Aufgreifen und Lösen praktischer Probleme<br>▪ Handlungsempfehlung für die Praxis |
| Kritik/ Bewertung | Wie ist ein bestimmter Zustand vor dem Hintergrund explizit genannter Kriterien zu bewerten? | Wie sind die aktuellen Maßnahmen der betrieblichen Gesundheitsförderung im Hinblick auf die Fachkräftesicherung im Pflegeheim zur Rose zu bewerten?<br>▪ Betrachten, Analysieren und Kritisieren konkreter Situationen<br>▪ Unterbreiten von Verbesserungsvorschlägen |

**ÜBUNG 4.3:**

Worauf müssen Sie bei der Formulierung der Forschungsfrage achten?

### Zielsetzung der Arbeit

**Zielsetzung:** Nachdem Sie nun das Thema Ihrer Arbeit ausgemacht, es eingegrenzt und die Forschungsfrage formuliert haben, müssen Sie ein klares Ziel für Ihre Arbeit setzen. Ziele geben Ihrer Arbeit eine genaue Richtung und helfen dabei, sie weiter zu strukturieren (vgl. Kollmann et al., 2016, S. 23). Dabei besteht das Hauptziel der Arbeit selbstverständlich darin, die Forschungsfrage zu beantworten. Dementsprechend lässt sich die Zielsetzung aus der forschungsleitenden Fragestellung ableiten.

**Tab. 4.3:** Fragestellung, Zielsetzung und Resultat der Arbeit (eigene Darstellung)

| Fragestellung | Zielsetzung | Resultat der Arbeit |
|---|---|---|
| Wie hat sich die Arbeitszufriedenheit der Pflegekräfte im Pflegeheim zur Rose seit der letzten Mitarbeiterbefragung 2010 entwickelt? | Die Arbeit hat die Untersuchung der Arbeitszufriedenheit im Pflegeheim zur Rose seit 2010 zum Ziel. | Ableitung einer Handlungsempfehlung, die Möglichkeiten zur Erhöhung der Arbeitszufriedenheit aufzeigt. |
| Warum ist die Arbeitszufriedenheit im Pflegeheim zur Rose seit 2010 gestiegen? | Ziel der Arbeit ist die Analyse der Gründe für den Anstieg der Arbeitszufriedenheit im Pflegeheim zur Rose seit 2010. | Erstellung einer Handlungsempfehlung, die ... |

## 4.1.4 Literaturarbeit versus empirische Arbeit

Eine wichtige Entscheidung ist die Wahl zwischen einer Literaturarbeit und einer empirischen Untersuchung. Bei einer **Literaturarbeit** greifen Sie ausschließlich auf wissenschaftliche Literatur und Studien zurück und beantworten auf dieser Basis Ihre Forschungsfrage.

Das bedeutet, dass Sie in einer Literaturarbeit keine neuen Daten und Informationen erheben, sondern mit dem bereits Vorhandenen arbeiten und daraus einen

Erkenntnisgewinn erzielen (diskursives Arbeiten). Dies können Sie z. B. durch neue Bezüge und Betrachtungsweisen erreichen.

Bei einer **empirischen Arbeit** werden Daten erhoben (Befragung, Interview, Experiment), analysiert und interpretiert. Die dabei gewonnenen (neuen) Erkenntnisse beruhen auf der eigenen (kleinen) Erhebung. Beispiele für empirische Arbeiten sind Mitarbeiterbefragungen, Experteninterviews und die Analyse statistischer Daten.

Die Entscheidung für oder gegen eine Literaturarbeit bzw. empirische Arbeit hängt von folgenden Faktoren ab:

- *Zeitlicher Aufwand:* Der Aufwand einer Literaturarbeit ist überschaubar und der Zeitaufwand kalkulierbarer als der einer empirischen Arbeit. Bei der Durchführung einer empirischen Untersuchung ist der zeitliche Horizont mit Unsicherheit behaftet. So sind Sie z. B. bei der Durchführung von Experten-Interviews von der Terminplanung Ihrer „Experten" abhängig, bei einer Befragung von der Rücklaufquote und bei einer statistischen Auswertung von der Zurverfügungstellung der Daten. Bei empirischen Arbeiten fallen im Vergleich zu Literaturarbeiten zusätzliche Arbeitsschritte an, die mit einem höheren zeitlichen Arbeitsaufwand einhergehen. Hierzu gehören z. B. die Konstruktion eines Fragebogens/Entwicklung eines Leitfadens zur Durchführung von Interviews und die Auswertung der Daten.
- *Methodenkompetenz:* Empirische Arbeiten erfordern ein hohes Maß an Methodenkompetenz. Hierzu gehören Methoden der empirischen Sozialforschung und vertiefte Kenntnisse der statistischen Datenanalyse.
- *Thema der Arbeit:* Nicht alle Themen einer wissenschaftlichen Arbeit eignen sich gleichermaßen für eine literaturgestützte bzw. für eine empirische Untersuchung. Bei einer Literaturarbeit sind Sie in besonderem Maße von wissenschaftlichen Publikationen zu dem Forschungsgebiet abhängig. Ist Ihr Thema z. B. so aktuell, dass noch keine Studienergebnisse vorliegen, auf die Sie zurückgreifen können, dann kann dies ein Problem für die Realisierbarkeit Ihrer Arbeit darstellen. Bei einer empirischen Untersuchung müssen die relevanten Informationen erhebbar sein; der ebenfalls notwendige Literaturteil wird vergleichsweise weniger umfangreich ausfallen.

In folgenden Fällen bietet sich die Durchführung einer empirischen Untersuchung an:

- Es sind bisher keine empirischen Untersuchungen zu Ihrer Problemstellung durchgeführt worden.
- Die zu untersuchende Forschungsfrage und die von ihr berührten Kriterien erlauben einen empirischen Zugang.
- Es ist möglich, durch eine empirische Untersuchung mehr Informationen zu gewinnen als durch die bloße Bestätigung ohnehin anzunehmender Zusammenhänge.
- Die Aussichten, dass Ihre Untersuchung tatkräftig unterstützt wird und Sie eine gute Rücklaufquote erzielen, sind gut.
- Bereits zum Zeitpunkt der Erhebung verfügen Sie über Vorwissen durch Vorstudien in Ihrem Untersuchungsgebiet.
- Ihnen steht hinreichend Zeit zur Durchführung der empirischen Untersuchung zur Verfügung.
- Sie verfügen über die materiellen Mittel und die technische Ausrüstung, die für die Untersuchung notwendig sind.
- Sie sind mit statistischen Methoden vertraut, die Sie zur Auswertung der Erhebung benötigen.

Der aktuelle Stand der Forschung ist – unabhängig davon, ob Sie sich für eine Literaturarbeit oder eine empirische Untersuchung entscheiden – immer durch eine Literaturrecherche zu ermitteln, darzulegen und zu diskutieren.

**ÜBUNG 4.4:**

Fassen Sie kurz zusammen, worin sich literaturzentrierte und empirische Arbeiten unterscheiden.

## Zusammenfassung

In diesem Kapitel haben Sie die Bedeutung des richtigen Themas für Ihre wissenschaftliche Arbeit kennengelernt: Persönliches Interesse, Bezug zum Modul/Studiengang und auch die Verfügbarkeit von Fachliteratur und Studien zum gewählten Thema haben einen maßgeblichen Einfluss auf den Erfolg Ihrer Arbeit. Darüber hinaus sollten Sie ggf. künftige Karriereziele mit in die Entscheidung für ein Thema einbeziehen.

Strategien der Themensuche und Themenauswahl wie z. B. die Themenfindung über publizierte Praxisprobleme, Themenfindung mittels wissenschaftlicher Zeitschriften, mittels Diplomarbeits- bzw. Thesenbörsen oder mittels Brainstorming erleichtern Ihnen die Themenwahl. Darüber hinaus gilt es, sich zwischen einer Literaturarbeit und der Durchführung einer empirischen Untersuchung zu entscheiden. Die Entscheidung sollte in Abhängigkeit vom zeitlichen Aufwand, von der eigenen Methodenkompetenz und von der Themenstellung der Arbeit getroffen werden.

Eine Arbeit kann nur erfolgreich sein, wenn Ihnen als Verfasser bewusst ist, wohin die „Reise" gehen soll. Um die Arbeit entsprechend einzugrenzen, ist es sinnvoll, z. B. auf die Struktur des Themenfächers zurückzugreifen. Dieser Schritt hilft Ihnen, das bereits identifizierte Themengebiet zu bewerten und einzugrenzen. Durch die anschließende Zielsetzung und die von ihr unter Berücksichtigung der geeigneten Methode abgeleitete Forschungsfrage wird Ihre Arbeitsvorbereitung noch weiter präzisiert. Mit der Forschungsfrage legen Sie fest, was Gegenstand Ihrer Arbeit ist und was nicht (vgl. Ebster; Stalzer, 2017, S. 39) und welche Methoden zum Einsatz kommen werden. Hauptziel der Arbeit ist, die Forschungsfrage zu beantworten.

## Aufgaben zur Selbstüberprüfung

**HINWEIS**

Die Aufgaben zur Selbstüberprüfung können Sie auch interaktiv online bearbeiten. Folgen Sie dazu diesem Link: http://www.aon.media/esuwl0 oder scannen den QR-Code.

**AUFGABE 4.1:**

Welche Aspekte sind bei der Entscheidung für ein Thema von Bedeutung?

a) Zu dem Themengebiet sollte es noch keine Publikationen geben.
b) Das Thema sollte originell sein und Möglichkeiten der Eigenleistung bieten.
c) Das Thema sollte Ihren persönlichen Interessen entsprechen.
d) Es sollte sich um ein Modethema handeln.
e) Das Thema sollte so umfassend sein, dass es in der vorgegebenen Zeit kaum zu bewältigen ist.

**AUFGABE 4.2:**

Skizzieren Sie kurz, wann sich eine empirische Untersuchung für Sie besonders anbietet.

**AUFGABE 4.3:**

Bewerten Sie die folgenden Forschungsfragen hinsichtlich der Antwortkategorien, die sie zulassen:

a) Hat sich die Arbeitszufriedenheit im Pflegeheim zur Rose seit 2010 verändert?
b) Welchen Einfluss hat der demografische Wandel auf die Arbeitszufriedenheit der Mitarbeiter im Pflegeheim zur Rose?
c) Kann betriebliche Gesundheitsförderung die Arbeitszufriedenheit im Pflegeheim zur Rose verbessern?

## 4.2 Wissenschaftliche Forschungsmethoden

Der Erkenntnisgewinn einer jeden wissenschaftlichen Arbeit basiert auf einer systematisch angewandten und begründeten Forschungsmethode. Unabhängig davon, ob es sich um eine Arbeit handelt, bei der der Erkenntnisgewinn anhand existierender wissenschaftlicher Literatur (*systematische Literaturanalyse*) oder auf Grundlage einer *empirischen Untersuchung* gewonnen wird, sind bei jeder wissenschaftlichen Arbeit zunächst immer Literaturrecherchen durchzuführen.

Literaturrecherchen sind ein unverzichtbares Instrument, um sich den aktuellen Forschungsstand des Themenfelds zu erarbeiten und in die Thematik der Hausarbeit oder Thesis einzusteigen.

### 4.2.1 Systematische Literaturanalyse

Neben der Durchführung einer empirischen Untersuchung stellt die Literaturanalyse eine wichtige Form wissenschaftlicher Arbeiten dar. Wie Sie in Kapitel 4.1.4 bereits gelernt haben, wird bei der Literaturanalyse ausschließlich auf wissenschaftliche Literatur und Studien anderer Autoren zurückgegriffen und die Forschungsfrage auf dieser Basis beantwortet.

Anders als bei einer einfachen Literaturrecherche, die das Ziel erfüllt, ein Thema zu erarbeiten und der Konkretisierung der Fragestellung oder Erarbeitung des Themas dient, ist der Anspruch an eine systematische Literaturanalyse höher.

Da Forschungsmethoden durch ein systematisches und begründetes Vorgehen gekennzeichnet sein müssen und zusätzlich das Vorgehen nachvollziehbar dokumentiert sein muss, sollte eine systematische Literaturanalyse die im Folgenden dargestellten Aspekte aufzeigen. Wertvolle Tipps zur Literaturrecherche können Sie im Kapitel 2.1 nachlesen.

**Suchstrategie der Literaturrecherche:**

- *Angabe der Datenbanken, in denen relevante Literatur gesucht wurde:* Verschaffen Sie sich vor der Literaturrecherche zunächst einen Überblick über die Literaturdatenbanken Ihres Fachgebiets. Identifizieren Sie im nächsten Schritt die Datenbanken, die die notwendigen Informationen zur Beantwortung Ihrer Forschungsfrage bereithalten, und beschäftigen Sie sich mit den Besonderheiten der entsprechenden Datenbanken.
- *Angabe der Schlüsselwörter:* Da Sie die Zielsetzung der Arbeit und Ihre Forschungsfrage bereits formuliert haben, stehen auch die ersten Suchbegriffe für Ihre Recherche fest. Bei der Festlegung der Suchbegriffe sollten Sie auch Synonyme und Übersetzungen einbeziehen.

- *Eingrenzung der Suche:* Grenzen Sie Ihre Suche zeitlich und räumlich ein. Zeitlich begrenzen Sie Ihre Recherche, indem Sie Publikationen einer passenden Zeitperiode (z. B. von 2000 bis 2013) betrachten. Bei einer räumlichen Eingrenzung betrachten Sie nur Studien einer (oder mehrerer) Region(en) wie z. B. Deutschland oder Europa. Die Suche sollte immer im Kontext Ihrer Forschungsfrage eingegrenzt werden. Ferner sollten Sie Ihre Suche durch weitere Kriterien eingrenzen (z. B. nur empirische Untersuchungen, klinische Studien).
- *Angabe der Suchstrategie:* Hierbei wandeln Sie die identifizierten Suchbegriffe in eine Suchstrategie um, wie Freitextsuche, Überschriften/Schlagwörter, Kombination der Suchbegriffe etc. Bei der Suchstrategie ist zu berücksichtigen, dass eine Suche auf Grundlage hoher Trefferzahlen häufig nicht zielführend ist. Dann sollten Sie Ihre Suche weiter einschränken und sich z. B. nur die wichtigen Ergebnisse anzeigen lassen.
- Bei Bedarf kann die Suche im Anschluss an die Recherche in Literaturdatenbanken durch eine Recherche in anderen Informationsquellen wie z. B. Krankenkassen, statistischen Ämtern etc. erweitert werden.

**Dokumentation der Literaturrecherche:** Die Qualität Ihrer systematischen Literaturanalyse ist unmittelbar von der durchgeführten und transparent dargelegten Literaturrecherche abhängig. Die Dokumentation sollte bereits während der Durchführung der Recherche erfolgen. Zudem sollte die Anzahl der erhaltenen Einträge in der Datenbank angegeben werden. Darüber hinaus sollten Sie – insbesondere in Ihrer Thesis – begründen, warum die gefundenen Resultate weiter eingegrenzt wurden (Ausschluss-/Einschlusskriterien).

**Systematische Auswertung der Literatur:** Nachdem Sie Ihr „Material" gesucht und ausgewählt haben, erfolgt nun die Auswertung des gefundenen Wissens hinsichtlich Ihrer Forschungsfrage. Wie Sie gelernt haben, muss auch dieses Vorgehen systematisch und nachvollziehbar sein. Das bedeutet, Sie sollten sich bereits bei der Aufstellung Ihres Arbeitskonzepts (Exposé, Kap. 5.1) einen „Fahrplan" überlegen und die identifizierte Literatur entsprechend auswerten.

**BEISPIEL 4.2**

Gewünschtes Resultat Ihrer Arbeit ist die Ableitung einer Handlungsempfehlung. Die Handlungsempfehlung soll Maßnahmen der betrieblichen Gesundheitsförderung aufzeigen, die zur Reduzierung von Burnout bei Pflegepersonal in stationären Senioreneinrichtungen geeignet erscheinen. In einem ersten Schritt könnten Sie z. B. die Ursachen von Burnout bei Pflegepersonal in stationären Senioreneinrichtungen identifizieren. Vermutlich haben Sie bereits einige Annahmen im Kopf, warum das Pflegepersonal in stationären Senioreneinrichtungen einem besonders hohen Burnout-Risiko ausgesetzt ist.

- Gruppieren Sie mögliche Ursachen, sodass sich drei bis maximal vier Klassen ergeben.
- Recherchieren Sie dann, welche Kriterien die Maßnahmen der betrieblichen Gesundheitsförderung erfüllen müssen, um den entsprechenden Ursachen entgegenwirken zu können.
- Entsprechend diesen Kriterien werten Sie die Literatur systematisch aus, mit dem Ziel einer logisch strukturierten Bewertung.

Die Vorgehensweise bei diesem Beispiel ist nur eine von vielen. Es gibt immer verschiedene Möglichkeiten, ein Thema anzugehen.

Neue Erkenntnisse werden in einer systematischen Literaturarbeit erzielt, indem Sie (vgl. Balzert et al., 2011, S. 73 f.):

- die Literatur eigenständig und kritisch bewerten,
- die Literatur unter neuen Gesichtspunkten auswerten,
- Querbezüge zu anderen Forschungsbereichen herstellen oder
- neue Zusammenhänge aus der Literatur ableiten.

„Richtig“ und „Falsch“ ergibt sich lediglich aus der Schlüssigkeit des Konzepts, der zielführenden Systematik und der Verfügbarkeit an Informationen. Daher sollte in diesem Zusammenhang besser von „passend“ und „weniger passend“ gesprochen werden.

**Methodenbeschreibung in Literaturarbeiten:** Bei Literaturarbeiten können Sie die Methode in der Einleitung beschreiben oder aber in einem eigenen Kapitel. Wenn Sie unschlüssig sind, fragen Sie Ihren Betreuer, welche Variante sich bei Ihrer Literaturarbeit anbietet.

Geben Sie zunächst an, dass es sich bei Ihrer Arbeit um eine Literaturanalyse handelt. Erläutern Sie dann folgende Aspekte:

- Ihre Suchstrategie: Was wurde gesucht und wie wurde gesucht?
- Ihr systematisches Vorgehen bei der Auswertung der Literatur: Was wurde untersucht und wie wurde untersucht?

**ÜBUNG 4.5:**

Warum ist die Methodenbeschreibung auch in Literaturarbeiten wichtig?

## 4.2.2 Quantitative vs. qualitative Forschung

Bei empirischen Arbeiten ist zwischen quantitativen und qualitativen Methoden zu differenzieren. Die Entscheidung für einen quantitativen oder qualitativen Forschungsansatz sollten Sie immer entsprechend der Zielsetzung und der Forschungsfrage Ihrer Thesis treffen.

### Quantitative Methode

> „Quantitative Methoden eignen sich zur objektiven Messung und Quantifizierung von Sachverhalten, zur Überprüfung von statistischen Zusammenhängen und zum Testen von Hypothesen. Sie liefern exakt quantifizierbare Ergebnisse." (Balzert et al., 2011, S. 76)

Folgende Methoden zählen u. a. zur quantitativen Forschung (vgl. Balzert et al., 2011, S. 76):

- schriftliche Befragung
- Fragebögen und Interviews
- Experimente

- (naturwissenschaftliche) Messungen
- quantitative Inhaltsanalyse

### Qualitative Methoden

> „Qualitative Methoden erlauben es, Zusammenhänge zu beschreiben, zu interpretieren und zu verstehen, Klassifikationen oder Typologien aufzustellen und Hypothesen zu generieren. Sie lassen sich an den Untersuchungsgegenstand anpassen. Nicht-experimentelle Arbeiten nutzen oft qualitative Methoden." (Balzert et al., 2011, S. 76)

Es werden also keine Daten verwendet, die sich quantitativ beziffern lassen. Dadurch lassen sich keine Aussagen über Häufigkeiten treffen und statistische Auswertungen vornehmen. Es geht stattdessen um das Erkennen, Beschreiben und Verstehen von Zusammenhängen (Balzert et al., 2011, S. 270; Sandberg, 2013, S. 308).

Folgende Methoden zählen u.a. zur qualitativen Forschung (vgl. Balzert et al., 2011, S. 76):

- Tiefeninterviews
- Gruppendiskussion
- narrative Interviews
- Beobachtung
- qualitative Inhaltsanalyse

Hierbei handelt es sich um intensivere Erhebungsmethoden als bei quantitativen Methoden, die für die Untersuchungspersonen wesentlich aufwendiger sind. Dementsprechend ist die Stichprobe überschaubar. Es stehen „verbalisierte Betrachtunge[n]" im Vordergrund (Ebster; Stalzer, 2017, S. 141).

> **!** Wenn Sie sich in Ihrer Thesis für die Durchführung einer empirischen Arbeit entscheiden, dann sollten Sie die Methode mit Ihrem Betreuer diskutieren, bevor Sie mit der Untersuchung beginnen.

**ÜBUNG 4.6:**

Worin unterscheiden sich quantitative und qualitative Forschungsmethoden? Wählen Sie aus den folgenden Aussagen die Zutreffenden aus.

a) Qualitative Methoden sind geeignet, Zusammenhänge zu untersuchen.

b) Qualitative Untersuchungen sind zur Quantifizierung von Sachverhalten geeignet.

c) Bei einer quantitativen Studie werden Aussagen über Häufigkeiten getroffen.

d) Quantitative Methoden erlauben es, Zusammenhänge zu untersuchen.

**Methodenbeschreibung in empirischen Arbeiten:** Wenn Sie eine empirische Untersuchung durchführen, ist in jedem Fall ein eigenes Methodenkapitel einzuplanen, in dem Sie Ihr Vorgehen (schriftliche Befragung, Interview, Beobachtungen etc.) beschreiben. Es sollte zwischen den theoretischen Grundlagen Ihrer Arbeit und Ihren Ergebnissen platziert sein und kann „Methodisches Vorgehen", „Material und Methoden", „Untersuchungsdesign" oder „Forschungsdesign" genannt werden. Ihr Vorgehen bei der Untersuchungsdurchführung sollte dabei so genau wie möglich ausgeführt werden, damit die Untersuchung nachvollziehbar ist. Beantworten Sie dabei die folgenden Fragen (vgl. Esselborn-Krumbiegel, 2017b, S. 112):

- Was ist untersucht worden?
- Wie wurde es untersucht?
- Wie erfolgte die Auswertung der Daten?

Folgende Aspekte sollten u. a. in Ihre Beschreibung einfließen:

- Stichprobe: Größe der Stichprobe, Auswahlkriterien, Branche etc.
- Datenquellen: Fragebögen, Interviews
  - persönlich, telefonisch, online
  - standardisiert, offen, teilstrukturiert
  - offene, geschlossene Fragen
- Zeitpunkt und Dauer der Erhebung
- Ort der Erhebung

- Funktion der Befragten
- statistische Auswertungsverfahren
- verwendete Software zur statistischen Auswertung

Die gewählte Methode muss so beschrieben werden, dass es Dritten möglich sein sollte, die methodische Vorgehensweise zu wiederholen, um zu prüfen, ob man zu vergleichbaren Ergebnissen käme. Die Methodik bestimmt wesentlich die Relevanz der Arbeit (vgl. Wytrzens et al., 2012, S. 128; Balzert et al., 2011, S. 68).

**HINWEIS**

Eine Vertiefung qualitativer Methoden bietet das Buch von Lisa Lüdders: Lüdders, L. (2016). *Qualitative Methoden und Methodenmix. Ein Handbuch für Studium und Berufspraxis.* Bremen: APOLLON University Press.

## Zusammenfassung

Unabhängig davon, ob Sie sich in Ihrer Abschlussarbeit für eine empirische Arbeit oder eine systematische Literaturarbeit entscheiden: Der Erkenntnisgewinn basiert nahezu allein auf einer systematischen Vorgehensweise und einer begründeten Forschungsmethode, wodurch das Zustandekommen der Ergebnisse für andere nachvollziehbar ist. Hierfür ist die Dokumentation Ihrer Ergebnisse unabdingbar: *Was wurde gesucht und wie wurde gesucht?* Dazu gehören die Suchstrategie mit der Angabe der relevanten Datenbanken, Angabe der Schlüsselwörter sowie die Eingrenzung der Suche. Die Auswertung erfolgt immer hinsichtlich der Forschungsfrage und anhand von Bewertungskriterien.

Bei Abschlussarbeiten kann es sinnvoll sein (vgl. Kap. 4.1.4), eine empirische Untersuchung durchzuführen. Hier ist zwischen quantitativen und qualitativen Forschungsmethoden zu differenzieren. Auch bei einer empirischen Arbeit ist Ihr Vorgehen detailliert zu beschreiben, damit die Untersuchung für den Leser nachvollziehbar ist.

## Aufgaben zur Selbstüberprüfung

**HINWEIS**

Die Aufgaben zur Selbstüberprüfung können Sie auch interaktiv online bearbeiten. Folgen Sie dazu diesem Link: http://www.aon.media/v8mcc6 oder scannen den QR-Code.

**AUFGABE 4.4:**

Skizzieren Sie, wie der Erkenntnisgewinn in einer (systematischen) Literaturanalyse erzielt wird und auf welcher Grundlage er in einer empirischen Untersuchung gewonnen wird.

**AUFGABE 4.5:**

Erläutern Sie den Unterschied zwischen quantitativer und qualitativer Forschung.

# 4.3 Aufbau einer wissenschaftlichen Arbeit

Essentiell für eine gelungene Arbeit ist der rote Faden, den es bereits mit der Gliederung darzustellen gilt. Eine durchdachte Struktur und das Wissen um die notwendigen Bestandteile einer wissenschaftlichen Arbeit helfen Ihnen einerseits, einen lösungsorientierten Ansatz zu verfolgen, und zeigen Ihrem Prüfer gleichzeitig, dass Sie sich gründlich mit Inhalt und Form auseinandergesetzt haben.

## 4.3.1 Bedeutung der Struktur

In Kapitel 3.2.1 haben Sie bereits die gängigen Formen wissenschaftlicher Arbeiten kennengelernt. Nun geht es um die formale Struktur, die Sie beim Verfassen Ihrer Arbeit einhalten sollten. Die Struktur Ihrer wissenschaftlichen Arbeit vermittelt dem Leser einen ersten Eindruck über die Arbeit. Das bedeutet, dass die Struktur darüber bestimmt, ob sich der Leser mit Interesse und Neugierde mit Ihrer Arbeit beschäftigen wird. Denn bevor der Leser sich dem Inhalt Ihrer Arbeit widmet, wird er zunächst die Gliederung ansehen. Sie zeigt ihm die Ordnung und den Aufbau der Arbeit an und lässt ihn erkennen, was das Ergebnis Ihrer Arbeit ist und wo die Ergebnisse beschrieben sind. Berücksichtigen Sie dabei immer, dass Sie sich selbst intensiv in das Thema Ihrer Arbeit eingearbeitet haben und somit „Experte" sind. Der Leser Ihrer Arbeit ist dies nicht; dennoch muss er sich zurechtfinden können.

Die **Gliederung** verknüpft die unterschiedlichen Aspekte Ihrer Arbeit miteinander. Sie muss nachvollziehbar aufgebaut sein und den „roten Faden" Ihrer Arbeit aufzeigen – „in gewisser Weise [ist sie] die Landkarte einer wissenschaftlichen Arbeit" (Ebster; Stalzer, 2017, S. 82). Durch sie erhält der Leser Antworten auf folgende Fragen (vgl. Ebster; Stalzer, 2017, S. 82):

- Die *Gliederungspunkte* verraten, welche Inhalte der Verfasser zum Beantworten der Forschungsfrage und zum Erreichen des Arbeitsziels für relevant hält.
- Die *hierarchische Abstufung* in der Gliederung zeigt dem Leser, welche Relevanz der Verfasser den jeweiligen Teilaspekten des Themas einräumt.
- Der *Aufbau* der Gliederung verrät, wie die jeweiligen Teilaspekte vom Verfasser miteinander verknüpft und welche Querbezüge hergestellt werden.

Es empfiehlt sich, bereits nach einer ersten Einarbeitung in das Thema einen Gliederungsentwurf zu erstellen (vgl. Ebster; Stalzer, 2017, S. 83; Wytrzens et al., 2012, S. 81). Folgende Gründe sprechen dafür:

- *logischer Zusammenhang:* Das Erstellen einer Gliederung hilft Ihnen, Ordnung in die vielen unsystematischen Ideen zu bringen, die Sie bereits zu Ihrer Arbeit gesammelt haben.
- *Zeitplanung:* Das Anfertigen einer Gliederung unterstützt Sie bei Ihrer Zeitplanung. Schätzen Sie beim Aufstellen der Gliederung gleich ab, wie viele Seiten Sie pro Abschnitt oder Kapitel schreiben werden; dadurch konkretisieren Sie gleich zu Beginn den Umfang der geplanten Arbeit.
- *Kontrollinstrument:* Anhand der Gliederung lässt sich der Arbeitsfortschritt beurteilen und Abschweifungen sowie Wiederholungen lassen sich vermeiden.

- *Kommunikationsinstrument:* Anhand Ihrer Gliederung sollte Ihr Betreuer ablesen können, welche Relevanz Sie den Inhalten Ihres Themas einräumen, wie Sie die einzelnen Teilaspekte miteinander verknüpfen und ob Sie das Thema durch Ihre Arbeit adäquat abdecken. Er sollte anhand Ihrer Gliederung erkennen können, wie Sie das Thema erfassen und wo Sie Schwerpunkte setzen. Damit es nicht zu Missverständnissen kommt und Ihr Betreuer Ihren Gedankengängen folgen kann, ist neben der fundierten und hierarchisch abgestuften Ordnung eine eindeutige, präzise und aussagekräftige Formulierung der Gliederungspunkte erforderlich (Kap. 4.3.2).

Die Gliederung stellt zunächst eine veränderbare Fassung dar. Sie wird mit der Konkretisierung des Arbeitskonzepts und der Arbeit fortlaufend überarbeitet. Dabei wird die Gliederung ggf. umgestellt, präzisiert und insbesondere dem geänderten Erkenntnisstand angepasst. Das Gliedern der Arbeit ist also ein dynamischer Prozess, der erst mit Beendigung der Arbeit fertiggestellt ist (vgl. Ebster; Stalzer, 2017, S. 83; Wytrzens et al., 2012, S. 81).

### 4.3.2 Prinzipien einer Gliederung

Folgende Prinzipien sollten bei der Strukturierung der Arbeit und Formulierung der Gliederungsebenen Berücksichtigung finden (vgl. Stalzer, 2013, S. 79 ff.):

- *Konsistenz:* Sowohl formal als auch inhaltlich sollte Ihre Gliederung konsistent sein.
  - formale Konsistenz: Die Gliederungstiefe einzelner Teile der Arbeit sollte annähernd gleich verteilt sein und Inhalte auf gleicher Gliederungsebene sollten in etwa den gleichen Umfang aufweisen.
  - inhaltliche Konsistenz: Gleiche Gliederungsebenen sollten ihrer Bedeutung für das Thema entsprechen und annähernd auf der gleichen hierarchischen Ebene platziert sein. Es ist zu erwarten, dass sich Begrifflichkeiten des Titels bzw. der Forschungsfrage auch in den Kapitelüberschriften wiederfinden.

- Gliederungslogik:
  - Die Untergliederung muss sich immer an Problemstellung, Zielsetzung und Forschungsfrage der Arbeit orientieren.
  - Unterkapitel müssen das übergeordnete Kapitel vollständig abdecken und sollten es nach vergleichbaren Kriterien aufsplitten.
  - Einem Unterkapitel 1.1 muss logischerweise immer mindestens ein weiteres Unterkapitel 1.2 folgen.
  - Folgende Gliederung ist logisch falsch:

    2.1 Übergewicht und Adipositas in Deutschland
    2.1.1 Verbreitung von Übergewicht und Adipositas
    2.2 Gesundheitsökonomische Bedeutung von Übergewicht und Adipositas

    2.1 muss noch weiter untergliedert werden. Wird das Thema durch nur einen Unterabschnitt repräsentiert, dann ist die Untergliederung unnötig und es kann auf ein Kapitel wie z. B. 2.1 verzichtet werden.
- Prägnanz und Aussagekraft:
  - Die Überschriften in der Gliederung sollten den Inhalt **kurz, prägnant und aussagekräftig** wiedergeben: Vollständige Sätze und Fragesätze sind in Überschriften zu vermeiden, z. B.: „Verschiedene Möglichkeiten, wie die Adipositasprävention in Deutschland verbessert werden kann".
  - Auch Abkürzungen, Formeln und komplexe Begriffe sind nicht geeignet. Ferner sind Überschriften, die aus nur einem einzigen Wort bestehen, nicht genügend aussagekräftig, wie z. B. „Adipositasprävention". Die Formulierung in substantivierter Form ohne Verben wie z. B. „Kriterien zur Verbesserung der Adipositasprävention" sind hingegen gut geeignet; am Textende wird kein Schlusspunkt gesetzt.

**ÜBUNG 4.7:**

Beurteilen Sie den folgenden Auszug der Gliederung hinsichtlich der Gliederungslogik und inhaltlichen Konsistenz. Die wissenschaftliche Arbeit geht der Forschungsfrage nach: „Wie können Maßnahmen der betrieblichen Gesundheitsförderung im Hinblick auf die Arbeitszufriedenheit im Pflegeheim zur Rose bewertet werden?"

Nennen Sie Fehler und bringen Sie die Gliederung in die korrekte Reihenfolge.

2. Theoretischer Hintergrund
2.1 Grundlagen der Arbeitszufriedenheit
2.1.1 Betriebliche Gesundheitsförderung
2.1.2 Dimensionen der Arbeitszufriedenheit
2.2 Ziele der betrieblichen Gesundheitsförderung
2.2.1 Definition der Arbeitszufriedenheit
2.2.2 Einfluss der betrieblichen Gesundheitsförderung auf die Arbeitszufriedenheit der Mitarbeiter
2.2.3 Maßnahmen der betrieblichen Gesundheitsförderung
2.2.4 Einfluss der betrieblichen Gesundheitsförderung auf die Arbeitszufriedenheit der Mitarbeiter
2.2.5 Ursachen der Arbeitszufriedenheit

### 4.3.3 Formaler Aufbau

Beim Aufbau einer Arbeit wird zwischen der Form und dem Inhalt unterschieden. Bedenken Sie, dass natürlich auch hier der erste Eindruck zählt.

Erwartungen können auch hier je nach Studiengang und Universität variieren. Konkrete Informationen zum formalen Aufbau erfragen Sie daher am besten direkt an Ihrer Hochschule/bei Ihrem Betreuer.

Im Folgenden geben wir Ihnen eine Übersicht der gängigsten formalen Elemente wissenschaftlicher Arbeiten:

- **Titelblatt:**
  - Das Titelblatt ist das „Gesicht" Ihrer Arbeit und enthält Angaben zu Titel/Untertitel, Verfasser und Entstehungsrahmen (Hochschulschrift, Studiengang etc.). Musterdeckblätter sind an den meisten Universitäten vorhanden.
- **Inhaltsverzeichnis:**
  - Im Inhaltsverzeichnis werden alle Kapitel und Teilkapitel Ihrer Arbeit mit Seitenangaben dargestellt.
  - Es bildet die Struktur Ihrer Arbeit ab und die Gliederung gibt den „roten Faden" der Arbeit vor. Für die Strukturierung des Themengebiets Ihrer Arbeit ist es unumgänglich, ein konkretes *Ziel* der Arbeit vor Augen zu haben. Aus dem Ziel leitet sich die Arbeitsstruktur ab (vgl. Kap. 4.1.3).
  - Das Inhaltsverzeichnis wird numerisch gegliedert. Keine Nummer erhalten Vor- und Nachtexte, wie Titelblatt, Einleitung oder Vorwort und die Verzeichnisse (z. B. Inhaltsverzeichnis, Abbildungs- und Tabellenverzeichnis); meistens werden sie linksbündig geschrieben.
- **Abkürzungsverzeichnis:**
  - Geläufige Abkürzungen des allgemeinen Sprachgebrauchs, zum Beispiel usw., etc., u. a., vgl., z. B., Abb., Tab., o. J., brauchen nicht in ein Abkürzungsverzeichnis aufgenommen zu werden. Diese können mithilfe des Dudens identifiziert werden.
  - Alle anderen Abkürzungen sind in ein Abkürzungsverzeichnis aufzunehmen und beim ersten Auftreten in ihrer ausgeschriebenen Bedeutung anzugeben.
  - Beachten Sie bitte, dass ungeläufige Abkürzungen weitgehend zu vermeiden sind und nur Verwendung finden sollten, wenn sie relativ häufig in der Arbeit benutzt werden.

- **Abbildungs- und Tabellenverzeichnis:**
  - Grafiken, Schaubilder und Fotografien sind ins Abbildungsverzeichnis aufzunehmen, Tabellen ins Tabellenverzeichnis.
  - Allen Abbildungen und Tabellen wird ihre Seitenzahl zugeordnet.
  - Das Abbildungsverzeichnis ist dem Inhaltsverzeichnis in der Regel nachgestellt (in Buchpublikationen befindet es sich meist im Anhang).
- **Literaturverzeichnis:**
  - Alle im Text eingefügten Kurzbelege müssen im Literaturverzeichnis als Langbeleg angegeben werden.
  - Es werden nur verwendete Quellen angegeben.
  - Das Literaturverzeichnis ist einheitlich zu gestalten (vgl. Kap. 3.1).

### 4.3.4 Bestandteile einer wissenschaftlichen Arbeit

Der Textteil Ihrer Arbeit besteht aus drei Hauptabschnitten, die sich hinsichtlich des Umfangs unterscheiden.

- Einleitung
- Hauptteil
- Schluss

**HINWEIS**

Einleitungs- und Schlussteil sollten gemeinsam 10 bis 20 Prozent und der Hauptteil inkl. des vorgeschalteten Grundlagenteils (bzw. des theoretischen Rahmens/Hintergrunds) ca. 80 bis 90 Prozent der gesamten Arbeit umfassen (vgl. Sandberg, 2013, S. 86). Da der Hauptteil ohne den theoretischen Rahmen, also Ihre Analyse, den Kern der wissenschaftlichen Arbeit darstellt, sollte dieser mindestens 60 Prozent ausmachen.

Zwischen den Kapiteln sollten Sie immer mit einigen Sätzen überleiten. Dabei sollten Sie den Leser über den Inhalt des folgenden Kapitels informieren. Dadurch verstärken Sie den roten Faden der Arbeit (vgl. Esselborn-Krumbiegel, 2017b, S. 142 ff.).

### Die Einleitung

Jede wissenschaftliche Arbeit beginnt mit einer Einleitung. Die Einleitung hat die Funktion, das Interesse des Lesers an der Arbeit zu wecken und dient als Einführung in das Thema. Sie ist das „Aushängeschild" Ihrer Arbeit und sollte besonders gehaltvoll, flüssig und elegant ausformuliert und dabei (auch für Nicht-Experten) gut verständlich sein. Sie sollte die folgenden Aufgaben erfüllen und folgende Inhalte aufweisen (vgl. Wytrzens et al., 2012, S. 84; Karmasin; Ribing, 2011, S. 29; Sandberg, 2013, S. 97):

- *Beschreibung der Problemstellung:* Worum geht es grundsätzlich?
- Ausgangspunkt einer wissenschaftlichen Arbeit ist immer ein gegebenes Untersuchungsproblem. Das Untersuchungsproblem muss eingangs erörtert und anhand von aktuellen Zahlen/Daten, Fakten und Quellen belegt werden. Auch sind wichtige Begriffe bereits zu definieren.
- *Relevanz und Aktualität:* Warum ist das Thema wichtig und aktuell? Worin begründet sich die Relevanz für das Modul/den Studiengang, in dem die Arbeit geschrieben wird?
- Worin liegt der Nutzen der Arbeit? Die Problemstellung ist auch in den übergeordneten Kontext des Moduls bzw. Studienfachs, in dem die Arbeit geschrieben wird, einzuordnen.
- *Zielsetzung und Forschungsfrage:* Welche forschungsleitende Fragestellung beantwortet die Arbeit? Was will die Arbeit erreichen?
- Jede wissenschaftliche Arbeit muss Ihr Untersuchungsziel benennen, eine eindeutige forschungsleitende Fragestellung aufweisen und ganz konkret aufzeigen, welche Probleme im Rahmen der Arbeit behandelt oder gelöst werden. (Was ist das Resultat der Arbeit, z.B. eine Handlungsempfehlung oder ein Leitfaden?)

- *Aufbau der Arbeit:* Gegebenenfalls kann der Aufbau der Arbeit in der Einleitung skizziert werden, z. B. unter 1.3:

  1. Einleitung
  1.1 Einführung in die Thematik
  1.2 Fragestellung und Zielsetzung
  1.3 Aufbau der Arbeit

Nicht immer ist eine solche Untergliederung sinnvoll (je nach Gesamtseitenzahl) bzw. vom Betreuer erwünscht. Informieren Sie sich daher rechtzeitig, ob die Einleitung als einzelner Punkt gefasst werden soll.

> „Deuten Sie in der Einleitung bereits die Ergebnisse Ihrer Arbeit an: Der Leser kann so Ihren Argumentationen besser folgen!" (Esselborn-Krumbiegel, 2017b, S. 97)

Die Einleitung sollte zu Beginn der Arbeit zunächst grob skizziert werden und dabei – wie auch die Gliederung – zunächst eine veränderbare Fassung darstellen. Im Verlauf der Arbeit sollte sie immer weiter verfeinert und erst nach Fertigstellung der Arbeit endgültig formuliert werden.

**ÜBUNG 4.8:**

Fassen Sie für sich zusammen, welche Aspekte die Einleitung aufzeigen sollte.

### Der Hauptteil

Das „eigentliche Herzstück der wissenschaftlichen Auseinandersetzung mit einem Thema" (Wytrzens et al., 2012, S. 84) bildet der Hauptteil. Er besteht meist aus mehreren Kapiteln, die wiederum selbst in mehrere Abschnitte untergliedert sind und das methodische Vorgehen, die Ergebnisse und eine Interpretation der Ergebnisse aufzeigen. Diese Kapitel enthalten folgende Elemente:

- *Theoretischer Hintergrund:* In diesem Teil sind Thema und Forschungsfrage der Arbeit in den Kontext des Wissensstands des Fachgebiets einzuordnen. Es ist darzulegen, inwiefern sich andere Publikationen bereits mit dem Thema befasst haben. Die fachlichen Diskussionen im Themengebiet sind zu erläutern. Es müssen alle Aspekte der Fragestellung und Zielsetzung umfassend behandelt und alle nötigen Hintergrundinformationen, die für das Verständnis der Arbeit wichtig sind, aufbereitet werden: Definition von Begrifflichkeiten, Zahlen, Daten, Fakten, Studien(ergebnisse). Dafür sind alle für den Themenbereich relevanten Publikationen zu sichten und die vorhandenen Informationen, Ansätze, Erkenntnisse, Konzepte und Lösungen darzulegen und mit den entsprechenden Quellen zu belegen (vgl. Balzert et al., 2011, S. 66 ff.).

Es sind aber nur diejenigen Inhalte in die Arbeit einzubringen, die in unmittelbarem Kontext zu Ihrer Problemstellung stehen. Prüfen Sie immer die notwendige Funktion Ihrer Textpassagen und/oder Abschnitte für die Argumentationskette oder den Bezug zur Beantwortung der Forschungsfrage (vgl. Sandberg, 2013, S. 87).

- *Methodisches Vorgehen:* Hier ist zu erläutern, was womit wie gemacht wurde, um die Fragestellung(en) zu beantworten und das Arbeitsziel zu erreichen. Es umfasst die Vorstellung der Untersuchungsmethodik (vgl. Kap. 4.1, Kap. 4.2).
- *Analyse und Resultate:* In solchen Kapiteln wird die „Umsetzung der eigenen Ideen und Konzepte anhand der gewählten Methode(n)“ (Balzert et al., 2011, S. 69) beschrieben und – im Schlusskapitel – explizit die Forschungsfrage beantwortet. Bei empirischen Arbeiten enthält dieser Teil i. d. R. keine Zitate mehr zu externen Quellen inhaltlicher Art, ggf. aber zu Methoden- und/oder Datenquellen. Zur Darstellung der Ergebnisse sollten – sowohl bei Literaturarbeiten als auch bei empirischen Untersuchungen – zur Unterstützung Abbildungen, Tabellen und Grafiken eingesetzt werden, die es im Textteil zu beschreiben gilt (vgl. Wytrzens et al., 2012, S. 128).

- *Diskussion:* In diesem Kapitel sind die Ergebnisse zu interpretieren und kritisch zu beurteilen. Dabei bietet es sich an, die zuvor abgeleiteten, wichtigsten Ergebnisse kurz zusammenzufassen, bevor sie dann mit der einschlägigen wissenschaftlichen Literatur verglichen werden. Es erfolgt eine kritische Betrachtung, bei der Forschungsfrage und Zielsetzung aufzugreifen sind. Es werden Rückschlüsse gezogen und ggf. eine Handlungsempfehlung abgeleitet. In diesem Kapitel können Limitationen und methodische Einschränkungen der eigenen Untersuchung aufgezeigt und diskutiert werden. Auch sind nicht erreichte Ziele anzugeben (vgl. Wytrzens et al., 2012, S. 128; Balzert et al., 2011, S. 69).

> ! Folgende Kapitel des Hauptteils bilden den Eigenanteil Ihrer Arbeit: methodisches Vorgehen, Ergebnisse (Analyse und Resultate) und Diskussion. Diese sollten gemeinsam ca. 50 bis 60 Prozent der Arbeit umfassen.

### Der Schlussteil

Der Schlussteil (z. B. Fazit, Ausblick) der Arbeit folgt dem Hauptteil und rundet die Arbeit ab. Die Ergebnisse Ihrer Arbeit werden zusammengefasst. Dabei sollte die Fragestellung der Arbeit noch mal aufgegriffen und die Beantwortung ebenso geprüft werden wie die Zielerreichung. Es sollte also ein Kreis zur Einleitung geschlossen werden (vgl. Ebster; Stalzer, 2017, S. 76; Karmasin; Ribing, 2011, S. 30; Voss, 2017, S. 135; Wytrzens et al., 2012, S. 128).

Neue Daten und Informationen, die bisher nicht in die Arbeit eingeflossen sind, sind in den zusammenfassenden Schlussteil nicht mehr einzubringen.

> „Im Idealfall hat ein Leser, der den Hauptteil nicht gelesen hat und nur Einleitung und Schluss kennt, eine ziemlich genaue Vorstellung davon, was Sie in Ihrer Arbeit wie diskutieren." (Sandberg, 2013, S. 97)

### Der Anhang

Abbildungen und/oder Tabellen können in den Anhang übernommen werden. Das gilt aber nur für Abbildungen etc., die zum Verständnis des Textes nicht dringend notwendig sind.

Beachten Sie aber: Das bedeutet nicht, dass der Anhang ein Sammelsurium irgendwelcher Materialien darstellen sollte, insbesondere nicht solcher, die man zeigen möchte, da es ggf. noch Punkte dafür geben könnte. Sondern: Der Anhang hat Dokumentations- und Belegfunktion. Im Anhang finden sich nur Dokumente wieder, die Aussagen des Textteils belegen, untermauern oder ergänzen. Typischerweise sind das verwendete Fragebögen und ggf. umfangreichere Listen und Auswertungen der erhobenen Daten oder die schriftliche Dokumentation von Interviews.

### Ehrenwörtliche Erklärung

Bei wissenschaftlichen Arbeiten ist eine ehrenwörtliche Erklärung zu unterschreiben, mit der Sie die Eigenständigkeit Ihrer Arbeit versichern. Sie ist sowohl bei der Hausarbeit als auch für Ihre Abschlussarbeit vorgeschrieben.

> **!** Ein entsprechendes vorgefertigtes Formular zur ehrenwörtlichen Erklärung sollte auf den Internetseiten Ihrer Universität zu finden sein.

## Zusammenfassung

Die Gliederung zeigt dem Leser Ihrer Arbeit, in welcher Weise Sie das Thema verstanden und beherrscht haben. Die Gliederung lässt erkennen, ob Ihre Gedankenführung folgerichtig und logisch aufgebaut ist.

Bei der Strukturierung der Arbeit und Formulierung der Gliederungsebenen sollten folgende Prinzipien Berücksichtigung finden: formale und inhaltliche Konsistenz, Gliederungslogik, Prägnanz und Aussagekraft.

Die Einleitung ist das „Aushängeschild" Ihrer Arbeit. Mit ihr führen Sie den Leser in die Thematik Ihrer Arbeit ein. Dabei sollten Sie unbedingt das Untersuchungsproblem beschreiben, die Aktualität und Relevanz des Themas herausarbeiten und sowohl die Forschungsfrage als auch die Zielsetzung der Arbeit aufzeigen.

Der Hauptteil sollte aus mehreren Kapiteln bestehen, die wiederum in Abschnitte untergliedert werden sollten. Er sollte das methodische Vorgehen, die Ergebnisse und eine Interpretation der Ergebnisse aufzeigen.

Im Schlussteil der Arbeit werden die Ergebnisse der Arbeit zusammengefasst. Dabei ist auf die Zielsetzung der Arbeit und auf die Forschungsfrage Bezug zu nehmen. Auch sollte der Kreis zur Einleitung geschlossen werden. Neue Ergebnisse und Inhalte, die zuvor nicht beschrieben wurden, sind nicht zu präsentieren.

## Aufgaben zur Selbstüberprüfung

**HINWEIS**

Die Aufgaben zur Selbstüberprüfung können Sie auch interaktiv online bearbeiten. Folgen Sie dazu diesem Link: http://www.aon.media/jxh35u oder scannen den QR-Code.

**AUFGABE 4.6:**

Erläutern Sie in einem Satz, wozu eine Gliederung dient.

**AUFGABE 4.7:**

Welche Prinzipien gelten für die Formulierung von Überschriften in der Gliederung?

a) Überschriften sollten immer als Fragen formuliert werden;
b) Überschriften sollten keine Formeln oder Abkürzungen enthalten;
c) Überschriften sollten in substantivierter Form ohne Verben formuliert werden;
d) Überschriften sollten als vollständige Sätze formuliert werden.

**AUFGABE 4.8:**

Welche Funktion hat die Einleitung?

**AUFGABE 4.9:**

Was steht im Schlussteil der Arbeit?

# 5 Exposé und Betreuung

*Nach dem Durcharbeiten dieses Kapitels sind Sie mit dem Prozess der Exposéerstellung vertraut. Konkret wissen Sie, welche Arbeitsschritte für ein Exposé nötig sind, wie Sie dabei vorgehen sollten und welche Vorteile für Sie mit der Erstellung des Exposés verbunden sind (→ 5.1). Auch werden Sie über die Chancen und Herausforderungen unternehmensbezogener Abschlussarbeiten informiert und wissen, welche Rolle Ihr Betreuer in Ihrer wissenschaftlichen Arbeit einnehmen wird (→ 5.2).*

## 5.1 Das Exposé

Nachdem Sie Kontakt zu Ihrem Betreuer aufgenommen und das Thema (mit Fragestellung/Zielsetzung der Arbeit und Methodik) abgestimmt haben, können Sie beginnen, Ihr Exposé zu erarbeiten.

### 5.1.1 Die Bedeutung des Exposés

Das Anfertigen eines Exposés (auch: Arbeitskonzept) über die geplante Haus- oder Abschlussarbeit ist ein sehr wichtiger Schritt zu Ihrer wissenschaftlichen Arbeit. Sehen Sie das Exposé als ein umfassendes Gesamtkonzept Ihrer Arbeit an, das Ihnen im Laufe des Forschungs-/Schreibprozesses immer wieder als Orientierungshilfe dienen wird. Sie können jederzeit im Arbeitsprozess darauf zurückgreifen und Ihrem Fahrplan folgen.

Durch die Erstellung des Exposés durchdenken, konkretisieren und strukturieren Sie – bereits vor Anmeldung – Ihre Haus- oder Abschlussarbeit, und zwar von der Einleitung über die Methodik bis hin zum Resultat der Arbeit. Dadurch lassen sich konzeptionelle Schwächen der Arbeit frühzeitig erkennen, Unklarheiten beseitigen und Irrwege vermeiden. Auch wird das Exposé Ihnen dabei helfen, den Einstieg in den Schreibprozess zu finden. Textauszüge Ihres Exposés können in die Arbeit eingebracht werden (vgl. Stickel-Wolf; Wolf, 2011, S. 121). Darüber hinaus dient das Exposé Ihnen selbst zur Reflexion und stellt eine wichtige Diskussions- und Arbeitsgrundlage für Sie und Ihren Betreuer dar. Sie sollten sich somit Zeit für das Verfassen des Exposés nehmen und es sorgfältig planen.

**Das Exposé ermöglicht folgende Aspekte:**

- ✓ Eingrenzung des Themas: *Was ist der Untersuchungsgegenstand der Arbeit?*
- ✓ Zielsetzung der Arbeit festlegen
- ✓ Konkretisierung der Arbeit durch Formulierung einer Forschungsfrage
- ✓ Festlegung der theoretischen Grundlagen, Durchdenken des methodischen Vorgehens
- ✓ Auseinandersetzung mit dem aktuellen Forschungsstand
- ✓ Überprüfung der Realisierbarkeit des Vorhabens: *Lässt sich die Forschungsfrage mittels der gewählten Methodik beantworten? Worin könnten möglicherweise Risiken bei der Arbeitserstellung liegen und wie können diese beseitigt werden?*
- ✓ Erarbeitung und Präzisierung der Gliederung der Arbeit (roter Faden)
- ✓ Zerlegung der Arbeit in einzelne Arbeitsschritte: Recherchephase, Analyse-/Auswertungsphase, Reflexions- und Abschlussphase
- ✓ Abschätzung des Arbeitsaufwands der einzelnen Arbeitsschritte
- ✓ Fehleinschätzungen hinsichtlich des Arbeitsaufwands und des Arbeitsumfangs vermeiden

**Abb. 5.1:** Vorteile der Exposéerstellung

**ÜBUNG 5.1:**

Fassen Sie in einem Satz zusammen, was ein Exposé im Zusammenhang mit einer wissenschaftlichen Arbeit darstellt.

## 5.1.2 Exposéerstellung

Die Erstellung eines Exposés ist eine Konzeptentwicklung und ein Konzept entwickelt sich selten über Nacht. Hierfür bedarf es einiger Absprachen mit Ihrem Betreuer und Vorarbeiten (wie Recherchen, Literaturarbeiten und Entscheidungen); denn nur so kann die Arbeit wachsen und an Form gewinnen.

**HINWEIS**

Sie sollten für das Erarbeiten des Exposés ausreichend Zeit einplanen. Betrachten Sie es als Normalfall und stellen Sie sich darauf ein, dass Ihr Exposé nicht bei der ersten Einsendung von Ihrem Betreuer freigegeben wird und ggf. mehrfach von Ihnen überarbeitet werden muss. Planen Sie mehrere Wochen bis zur endgültigen Version Ihres Exposés ein.

Mit dem Exposé zeigen Sie den Untersuchungsgegenstand bzw. die Ausgangssituation Ihrer Arbeit auf, gehen also zunächst der Frage nach: Worum geht es grundsätzlich? Sie liefern die Informationen, die der Leser benötigt, um einen Überblick über das Thema zu gewinnen und um zu verstehen, welches Ziel Sie anhand welcher Mittel und Wege erreichen wollen. Im Exposé fixieren Sie Ihre Gedanken und Ziele und damit die Problemstellung, die Relevanz und das Erkenntnisinteresse erstmals schriftlich. Damit dies gut durchdacht und das Konzept stimmig ist, sollten Sie sich Zeit nehmen und sich zunächst in das Thema einlesen. Gerade bei den ersten Arbeiten ist es nicht ganz einfach, ein Vorhaben gut auf den „Punkt" zu bringen und selber genau zu wissen, was man überhaupt vorhat.

### 5.1.3 Bestandteile des Exposés

Der Umfang des Exposés sollte fünf bis sechs Seiten umfassen, was jedoch je nach Fachbereich variieren kann. Dabei gelten dieselben formalen Standards wie für Ihre Hausarbeit und Thesis: Ihre Argumentationen müssen logisch und nachvollziehbar und in einem wissenschaftlichen Stil geschrieben sein. Die Regeln der Rechtschreibung und Grammatik sind zu beachten und die Zitationsregeln korrekt und einheitlich anzuwenden. Das Literaturverzeichnis muss vollständig, einheitlich und korrekt angegeben sein. Das Exposé sollte i. d. R. folgende Bestandteile umfassen:

- *Deckblatt* aus folgenden Elementen:
  - Logo der Universität/Hochschule
  - Vorläufiger Titel der Arbeit: Der Titel Ihrer Arbeit sollte kurz und prägnant sein, aber den Leser erkennen lassen, was das Vorhaben Ihrer Arbeit ist. Gegebenenfalls kann er durch einen Untertitel ergänzt werden. Der Titel Ihrer Arbeit kann sich im Laufe der Exposéerstellung noch verändern.
  - Angaben zum Autor der Arbeit, Versionsnummer des Exposés, Datum, Name des Gutachters.
- *Einleitung, Zielsetzung und Fragestellung:* In der Einleitung arbeiten Sie das Untersuchungsproblem heraus, mit dem sich Ihre Arbeit auseinandersetzt und aus dem Ihre Forschungsfrage (vgl. Kap. 4.1.3) hervorgeht. Es muss die Ausgangslage umfassen und in den Kontext des Moduls oder Studienfachs eingeordnet werden. Zudem ist es wichtig, die Bedeutung des Untersuchungsproblems zu begründen. Belegen Sie die Relevanz möglichst mit Fakten, konkreten Zahlen und Quellen. Bei der Einleitung handelt es sich um das Kernstück Ihres Arbeitskonzepts. Es sollte den Vorteil bzw. Nutzen einer Auseinandersetzung mit dem Untersuchungsgegenstand aufzeigen. Den Abschluss bildet die Ableitung *einer* Forschungsfrage und des Ziels der Arbeit. Das Ergebnis der Arbeit sind z. B. Handlungsempfehlungen, die es zu konkretisieren gilt und die so zu formulieren sind, dass auch ein Fachfremder Ihr Vorhaben nachvollziehen kann. Das Ziel Ihrer Reise muss sowohl Ihnen als auch Ihrem Betreuer und den Lesern Ihres Exposés klar sein.
- *Theoretischer Hintergrund:* Geben Sie einen Überblick über den aktuellen Forschungsstand. Dafür sollten Sie umfassend recherchieren und sich gründlich mit den Publikationen zu Ihrem Forschungsproblem auseinandersetzen. Legen Sie Ihre Ergebnisse gut strukturiert dar. Dabei reicht es, wenn Sie den Hintergrund knapp umreißen. Die detaillierte Ausarbeitung kann später erfolgen. Sie sollten dennoch logisch und nachvollziehbar argumentieren. Insgesamt stellt der theoretische Hintergrund die Grundlage für Ihre Forschungsfrage dar. Das bedeutet, dass die Relevanz zur Beantwortung der Forschungsfrage und der **rote Faden** der Arbeit immer erkennbar sein müssen.

- *Methodisches Vorgehen:* Erläutern Sie die methodischen Ansätze, die zur Bearbeitung Ihres Themas gewählt werden, z. B. Literaturarbeit, empirische Arbeit (vgl. Kap. 4.1.4). Dabei müssen Sie immer darauf achten, dass Ihre zentrale Forschungsfrage überhaupt zu beantworten ist. Folgende Fragestellungen sind dafür genau zu prüfen:
  - Was will ich herausfinden?
  - Wie kann ich zu den relevanten Erkenntnissen kommen?
  - Kann ich die Methode in der vorgegebenen Zeit überhaupt durchführen? (Vorsicht bei Befragungen)
  - Wenn nein: Welche Alternativen gibt es?

  An dieser Stelle Ihres Exposés beschreiben Sie daher, mit welcher Methodik Sie Ihre Forschungsfrage beantworten werden. Dabei geht es nicht darum zu skizzieren, dass Sie Ihre Arbeit mit einer umfassenden Literaturrecherche beginnen werden.

> **!** Die Literaturrecherche ist Voraussetzung – und zwar unabhängig davon, ob es sich bei Ihrer Arbeit um eine Literaturarbeit oder eine empirische Arbeit handeln wird.

Im Abschnitt „Methodisches Vorgehen" geht es im Exposé zunächst darum, dass Sie darlegen, ob Sie z. B. eine Befragung/ein Interview oder eine systematische Literaturanalyse als Methode durchführen werden, um Ihre Forschungsfrage zu beantworten.

- *Zeitplanung:* Mit dem Zeitplan machen Sie deutlich, inwiefern Ihr Vorhaben im vorgegebenen Zeitrahmen realisierbar ist. Dabei werden wesentliche Eckpunkte durch Sie selbst vorgegeben (angestrebter Arbeitsbeginn und Abgabetermin). Dabei sollten Sie auch mögliche Urlaubszeiten Ihres Betreuers und bei unternehmensbezogenen Abschlussarbeiten die des Projektpartners berücksichtigen. Der Zeitplan hilft Ihnen, die anfallenden Arbeitsschritte zu überblicken. Er dient Ihnen als Orientierungshilfe, die Sie ggf. zentral an Ihrem „Arbeitsplatz" aufhängen können. Denken Sie bitte daran, dass Sie hier genügend „Pufferzeiten" für Unvorhergesehenes, Familie oder kreative Schaffenspausen (Work-Life-Balance) einbauen, damit Sie gegen Ende nicht in Hektik geraten.
- *Vorläufiges Inhaltsverzeichnis:* Die Skizzierung des Aufbaus der geplanten Arbeit ist wichtig, um Ihr Thema zu strukturieren und den roten Faden der Arbeit zu erkennen. Überlegen Sie, welche Themen und Aspekte behandelt werden müssen und zielführend für die Beantwortung Ihrer Forschungsfrage sind. Prüfen Sie dabei auch die Reihenfolge der Abschnitte. Sie müssen aufeinander abgestimmt sein.
- *Literaturverzeichnis:* Hier listen Sie die Literatur auf, die Sie in Ihrem Exposé zitiert haben.

Bitte denken Sie daran, dass sowohl Ihre Arbeit als auch Ihr Exposé so erstellt werden sollten, dass auch Nicht-Experten Ihre Gedanken und Erläuterungen nachvollziehen können. Fachspezifika müssen daher im Text oder ggf. in der Fußnote erklärt werden.

**HINWEIS**

Um Ihnen die Arbeit am Exposé zu erleichtern, finden Sie im Downloadcenter eine Checkliste, mit der Sie **vor Einreichung** Ihres Exposés (und den überarbeiteten Exposé-Versionen) überprüfen können, ob Sie alle wichtigen Bestandteile bedacht haben.

### 5.1.4 Freigabe des Exposés

Sobald der Betreuer das Exposé freigegeben hat, kann die Hausarbeit oder Thesis – mit der endgültigen Fassung des Exposés – offiziell beim Hochschulservice angemeldet werden. Da das Exposé Grundlage der Anmeldung ist, können Sie (und auch Ihr Betreuer) sich jederzeit darauf berufen. Es ist sozusagen eine „Vertragsgrundlage". Das bedeutet aber nicht, dass es im weiteren Verlauf keine Abweichungen von Ihrem im Exposé niedergeschriebenen Weg geben darf. Im Gegenteil, es kann sein, dass sich im Arbeits- und Schreibprozess (z. B. durch neue Erkenntnisse, aktuelle Entwicklungen) notwendige Änderungen ergeben. In diesem Fall ist sehr sorgfältig zu prüfen, dass die Kohärenz bestehen bleibt und sich durch die Änderungen nicht andere „Ungereimtheiten" ergeben.

> „Natürlich ‚lebt' das Exposé, d. h., Ziele und Probleme können sich im Laufe der Bearbeitung des Themas immer wieder verschieben und müssen gegebenenfalls angepasst werden – dennoch ist das Exposé ein geeigneter Orientierungspunkt, um mit der Arbeit zu beginnen." (Kollmann et al., 2016, S. 24)

> **!** Nach der Freigabe des Exposés melden Sie – in Absprache mit Ihrem Betreuer – Ihre Arbeit an.
>
> Mit der Anmeldung verpflichten Sie sich zur fristgerechten Abgabe Ihrer Arbeit. Das bedeutet, dass Sie Ihren Abgabetermin nicht überschreiten oder verschieben können. Daher ist es wichtig, dass Sie ein sorgfältiges Zeitmanagement pflegen. Die konkreten Bearbeitungszeiten entnehmen Sie bitte den Informationsmaterialien Ihrer Universität.

Nutzen Sie die Exposéphase intensiv zur Vorbereitung. Während der Bearbeitungszeit Ihrer Arbeit steht Ihnen Ihr Betreuer zwar weiterhin für Fragen zur Verfügung, eine Sichtung des Manuskripts ist in dieser Phase aber nicht möglich.

## 5.2 Die Rolle des Betreuers

Die Betreuung Ihrer wissenschaftlichen Arbeit wird durch jemandem aus dem Lehrkörper übernommen, der oder die einen thematisch passenden Schwerpunkt lehrt und Ihnen dementsprechend Anregungen geben kann. Für die wissenschaftliche Arbeit wird Ihr Betreuer der wichtigste Ansprechpartner sein und das bereits während der Vorbereitungs-/Exposéphase. Seine Aufgabe ist es, Ihnen einerseits dabei unterstützend zur Seite zu stehen und bei Problemen zu helfen; andererseits ist er aber auch Ihr Gutachter, der die Arbeit bewerten wird. Dabei sollte sich die Betreuungsintensität in der Exposéphase (vgl. Kap. 5.1.2) nicht auf Ihre Beurteilung auswirken. Dennoch ist es wichtig, dass Sie eine zielorientierte und effiziente Zusammenarbeit mit Ihrem Betreuer anstreben. Beachten Sie dabei folgende Punkte:

- *Inhaltliche Kompetenz:* Voraussetzung für die Erstellung einer wissenschaftlichen Arbeit sind Fachkenntnisse im gewählten Themengebiet, die es sich vor Erstellung der Arbeit anzueignen gilt.
- *Motivation:* Sie sollten persönlich motiviert sein. Es ist nicht die Aufgabe des Betreuers, Sie zu Ihrer Arbeit zu motivieren.
- *Selbstständigkeit:* Ihr Betreuer wird versuchen, Sie an den Bearbeitungsprozess einer wissenschaftlichen Arbeit heranzuführen, und steht Ihnen bei Problemen gern zur Seite. Um aber nicht unnötigen Betreuungsaufwand zu verursachen, prüfen Sie zunächst immer, ob Sie Ihre Fragen oder Probleme nicht ggf. eigenständig lösen können. Denn Ihr Betreuer ist der Ansprechpartner für Fragen, die Sie nicht selbstständig beantworten können. Das heißt, Fragen, deren Antworten Sie durch das Lesen der entsprechenden Fachliteratur oder einen Blick in die Leitfäden Ihrer Universität finden könnten, gehören nicht dazu.
- *Terminologie:* Machen Sie sich mit den Fachbegriffen Ihrer Disziplin vertraut und drücken Sie sich immer so präzise wie möglich aus. So lassen sich falsche Vorstellungen, Missverständnisse und Fehlinterpretationen vermeiden.

- *Rolle des Lernenden:* Nehmen Sie die Ratschläge Ihres Betreuers ernst und verstehen Sie sie nicht als Kritik an Ihrer Arbeit oder Ihrer Person. Es ist die Aufgabe des Betreuers, eine ehrliche und kritische Rückmeldung zu geben, und die Aufgabe des Lernenden, die Hinweise umzusetzen.
- *Formale Anforderungen:* Umfang und Formalia der Arbeit sind entsprechend den Vorgaben einzuhalten. Prüfen Sie bei Fragen zu den formalen Anforderungen Ihrer wissenschaftlichen Arbeit immer, ob sie in den Studienunterlagen beantwortet sind. Ist dies nicht der Fall, hilft der Betreuer gern weiter.
- *Rechtschreibung:* Sprachliche Fehler beeinträchtigen die Verständlichkeit Ihrer Arbeit und lassen sich häufig ohne großen Aufwand durch die integrierten Rechtschreib- und Grammatikprüfungen der Textverarbeitungssoftware sowie durch Nachschlagen z. B. im Duden minimieren. Zudem wird das gehäufte Auftreten von Rechtschreibfehlern in einer wissenschaftlichen Arbeit nicht selten mit einer „bequemen Arbeitsweise" und mangelnder Sorgfalt des Studierenden assoziiert. Lesen Sie jedes Exposé Korrektur, bevor Sie es Ihrem Betreuer senden.
- *Wissenschaftliche Arbeitstechniken:* Ihr Betreuer setzt voraus, dass Sie die grundlegenden Techniken des wissenschaftlichen Arbeitens beherrschen, z. B. die Grundregeln des Zitierens. Wenn Sie sich aber z. B. in Einzelfällen bzgl. der Verwendbarkeit einer Quelle unsicher sind, fragen Sie Ihren Betreuer. Dabei sollten Sie Ihr Problem so detailliert wie möglich schildern und alle nötigen Informationen zum Auffinden der Quelle mitsenden.
- *Eigenverantwortung:* Die Verantwortung für die wissenschaftliche Arbeit liegt beim Verfasser der Arbeit, also dem Studierenden. Denken Sie immer daran: Mit Ihrer wissenschaftlichen Arbeit weisen Sie die Befähigung des selbstständigen Arbeitens nach. Nicht der Betreuer, sondern der Studierende schreibt die Arbeit.

Sobald die erstellte Arbeit eingereicht wurde, wandelt sich die Funktion des Betreuers in die Funktion des Gutachters. Nach Abgabe wird er die fertige Arbeit bewerten. Bei Bachelor- und Master-Thesen hat er einen Zweitgutachter an seiner Seite, den Sie sich in Absprache mit dem Erstbetreuer suchen; an manchen Hochschulen werden die Betreuer allerdings vorgegeben.

### Exkurs: Unternehmensbezogene Abschlussarbeiten

In einigen Fällen ergibt sich für Studierende die Möglichkeit, die Abschlussarbeit in Zusammenarbeit mit einem Unternehmen zu schreiben. Eine unternehmensbezogene Arbeit weist Vorteile auf und kann einerseits sehr sinnvoll sein, andererseits aber auch mit Nachteilen einhergehen. In Tabelle 5.1 werden wesentliche Vor- und Nachteile einer unternehmensbezogenen Abschlussarbeit aufgezeigt:

**Tab. 5.1:** Vor- und Nachteile einer unternehmensbezogenen Abschlussarbeit (vgl. Stickel-Wolf; Wolf, 2011, S. 115 f.)

| Vorteile | Nachteile |
|---|---|
| ▪ Erhöhung der Einstellungschancen bei Bewerbungen/ evtl. Übernahme ins Unternehmen<br>▪ Sammeln praktischer Erfahrungen<br>▪ Verknüpfung praktischer Erfahrungen mit theoretischem Forschungsstand<br>▪ Zugang zu unternehmensinternen Daten und Informationen<br>▪ Erweiterung methodischer Kenntnisse | ▪ Bei unternehmensbezogenen Abschlussarbeiten steht häufig die Praxisorientierung im Vordergrund; dennoch muss die Arbeit eine wissenschaftliche Qualifikationsarbeit darstellen.<br>▪ Die Arbeit muss den Ansprüchen des Hochschulbetreuers und des Unternehmens gerecht werden. Dabei besteht die Gefahr, „zwischen die Stühle zu geraten".<br>▪ Die Bearbeitungszeit einer Abschlussarbeit ist kurz.<br>▪ Die Nutzung unternehmensinterner Daten kann dazu führen, dass die Arbeit mit einer Sperrklausel versehen werden muss.<br>▪ Bei einer unternehmensbezogenen Abschlussarbeit besteht die Gefahr, eine kostenlose oder kostengünstige Arbeitskraft für das Unternehmen darzustellen.<br>▪ Sie sind darauf angewiesen, dass das Unternehmen Ihnen die zugesagten Informationen tatsächlich in der abgesprochenen Form und insbesondere zeitnah zur Verfügung stellt. Verzögerungen können Ihren Zeitplan gefährden. |

Entscheiden Sie sich dennoch für eine unternehmensbezogene Abschlussarbeit, dann sollten Sie folgende Ratschläge beherzigen (vgl. Stickel-Wolf; Wolf, 2011, S. 116 f.):

- Prüfen Sie, ob es möglich ist, im Vorfeld der Anfertigung der Abschlussarbeit ein Praktikum in dem besagten Unternehmen absolvieren zu können. Dadurch können Sie die Erwartungen, die von dem Unternehmen an Sie gestellt werden, abschätzen und prüfen, ob Ihnen alle erforderlichen Informationen und Materialien durch das Unternehmen zur Verfügung gestellt werden.
- Prüfen Sie, ob das angebotene oder von Ihnen gewählte Thema einen inhaltlichen Bezug zum Studiengang aufweist (Relevanz).
- Orientieren Sie sich bei der Gestaltung Ihrer Abschlussarbeit eindeutig an den wissenschaftlichen Qualitätskriterien.
- Arbeiten Sie das Thema Ihrer Abschlussarbeit zunächst in seiner theoretischen Dimension auf und versuchen Sie im Anschluss eine Lösung für das Praxisproblem abzuleiten (anhand von Theorien, Konzepten, Modellen, Methoden und Techniken). Stellen Sie sicher, dass der praxisbezogene Teil Ihrer Arbeit sauber auf dem theoretischen Teil aufbaut.
- Drängen Sie von Beginn an auf klare Absprachen mit dem Unternehmen. Verdeutlichen Sie insbesondere den mitwirkenden Unternehmensvertretern, dass Sie nur dann einen für das Unternehmen wertvollen Lösungsbeitrag bereitstellen können, wenn das Unternehmen Ihnen hinreichend Informationsmaterial zur Verfügung stellt.
- Sprechen Sie Ihr Vorhaben zur Zusammenarbeit mit einem Unternehmen vor der Exposéerstellung mit Ihrem Thesenbetreuer ab.

Eine gute Alternative zu einer unternehmensbezogenen Arbeit ist eine praxisnahe Abschlussarbeit in Kooperation mit einem externen Forschungsinstitut, z. B. dem Robert Koch-Institut, dem Fraunhofer-Institut oder dem Max-Planck-Institut. Sprechen Sie aber – bevor Sie an eine solche Institution herantreten – mit Ihrem Thesenbetreuer.

**ÜBUNG 5.2:**

Sie würden Ihre Abschlussarbeit gern in Kooperation mit einem externen Forschungsinstitut schreiben. Was gibt es zu beachten und wie gehen Sie vor?

## Zusammenfassung

Für die wissenschaftliche Arbeit übernimmt Ihr Betreuer/Gutachter eine zentrale Funktion. Als wichtigster Ansprechpartner wird er Ihnen insbesondere während der Vorbereitungs-/Exposéphase unterstützend zur Seite stehen und bei Problemen helfen. Die Exposéphase spielt daher bei der Vorbereitung der Arbeit eine große Rolle.

Das Anfertigen eines Exposés, das als Arbeitskonzept zu Ihrer wissenschaftlichen Arbeit anzusehen ist, ist mit zahlreichen Vorteilen für Sie selber verbunden. Denn das Exposé zwingt Sie, Ihre wissenschaftliche Arbeit von der Einleitung über die Methodik bis hin zum Resultat zu durchdenken und logische Zusammenhänge aufzuzeigen. Dadurch können Sie konzeptionelle Schwächen frühzeitig erkennen und gemeinsam mit Ihrem Betreuer nach Lösungsmöglichkeiten suchen. Dafür muss das Exposé Auskunft über die folgenden inhaltlichen Aspekte geben:

- Untersuchungsproblem: Worum geht es grundsätzlich?
- Zielsetzung: Welche Ziele verfolge ich? Was ist das Resultat der Arbeit?
- Fragestellung: Welches konkrete Problem untersucht die Arbeit?
- Forschungsstand: Wie ist der Stand der Forschung? Welche empirischen Befunde gibt es?

Darüber hinaus ist im Exposé das strategische Vorgehen zu erläutern, indem die Methode aufgezeigt wird (mit welcher Methode beantworte ich meine Forschungsfrage und wie gehe ich dabei vor?). Abschließend wird Ihre Zeitplanung aufgezeigt, die (vorläufige) Arbeitsgliederung dargestellt und die verwendete Literatur abgebildet.

Bevor Sie Ihrem Betreuer das Exposé einreichen, prüfen Sie, ob Sie alle wichtigen Bestandteile bedacht haben.

## Aufgaben zur Selbstüberprüfung

**HINWEIS**

Die Aufgaben zur Selbstüberprüfung können Sie auch interaktiv online bearbeiten. Folgen Sie dazu diesem Link: http://www.aon.media/2vkz68 oder scannen den QR-Code.

**AUFGABE 5.1:**

Skizzieren Sie die wichtigsten Arbeitsschritte im Prozess der Exposéerstellung für die Thesis von der Auswahl des Themas bis zur Anmeldung der Arbeit.

**AUFGABE 5.2:**

Benennen Sie die Bestandteile eines Exposés.

**AUFGABE 5.3:**

Welche Rolle hat Ihr Betreuer beim Verfassen Ihrer wissenschaftlichen Arbeit?

# 6 Abschlusskorrektur und Verteidigung

*In diesem Kapitel lernen Sie, die wichtigsten Aspekte der Abschlusskorrektur zu beachten, und erhalten Hinweise zur möglichen Verteidigung von Thesen.*

Es ist so weit: Sie haben Ihre Hausarbeit oder Thesis für fertig erklärt. Bevor Sie Ihre Arbeit aber einreichen, stehen noch Korrekturen und Kontrollen aus. Planen Sie Zeit ein, um ggf. Mängel oder Fehler zu korrigieren.

> Zur Einreichung der Arbeit gilt es, die konkreten Vorgaben Ihrer Hochschule zu berücksichtigen, die Sie auf der jeweiligen Webseite finden können.

Vor Abgabe sind am Ende der Verschriftlichung alle Inhalte der gesamten Arbeit noch mal zu prüfen. Im Rahmen der Abschlusskorrektur sind folgende Schritte durchzuführen:

- Orthografie (Rechtschreibung, Grammatik) kontrollieren
- Formatierungen prüfen und ggf. anpassen
- Quellenangaben kontrollieren
- Bestandteile der Arbeit prüfen, dazu gehören z. B. auch Verzeichnisse und Anlagen

Im Folgenden finden Sie drei Checklisten zur Abschlusskorrektur sowie eine zusammenfassende vierte Checkliste. Die in Abbildung 6.1 dargestellte Checkliste zeigt Ihnen, welche *formalen Punkte* bei der Abschlusskorrektur besonders wichtig sind.

**Checkliste: Aspekte der formalen Abschlusskorrektur**

- ✓ Sind die Überschriften im Inhaltsverzeichnis und im Fließtext identisch?
- ✓ Stimmen die Kapitelüberschriften und Ausführung überein?
- ✓ Sind die Kapitel in der korrekten Reihenfolge bzw. stimmt die Nummerierung?
- ✓ Sind die Quellenangaben exakt und vollständig angegeben?
- ✓ Sind alle im Text zitierten Quellen im Literaturverzeichnis vollständig und korrekt angegeben?
- ✓ Haben Sie die Seiten durchnummeriert?
- ✓ Haben Sie Ihre Abbildungen und Tabellen beschriftet, nummeriert, im Text Bezug auf sie genommen und die Quelle angegeben?
- ✓ Entsprechen Schriftart und Schriftgröße den Vorgaben?
- ✓ Ist das Layout der Arbeit übersichtlich (Absätze, Hervorhebungen, Aufzählungen)?
- ✓ Haben Sie den Richtumfang eingehalten?
- ✓ Vermittelt die Arbeit einen ordentlichen Gesamteindruck?
- ✓ Ist die Schriftart einheitlich?

**Abb. 6.1:** Checkliste zur formalen Abschlusskorrektur einer wissenschaftlichen Arbeit (vgl. May, 2010, S. 85 f.; Wytrzens et al., 2012, S. 131)

Abbildung 6.2 benennt die *stilistischen* Aspekte, die in der Arbeit zu prüfen sind.

**Checkliste: Aspekte der stilistischen Abschlusskorrektur**

- ✓ Gibt es überflüssige Sätze?
- ✓ Treten Wortwiederholungen auf?
- ✓ Sind noch unpräzise, vage, definitorisch unnötige Adjektive und Adverbien zu streichen?
- ✓ Sind noch komplizierte Satzbildungen im Text enthalten?

**Abb. 6.2:** Checkliste zur stilistischen Abschlusskorrektur einer wissenschaftlichen Arbeit (vgl. May, 2010, S. 86 f.; Wytrzens et al., 2012, S. 130 ff.)

Prüfen Sie abschließend auch noch mal die *inhaltlichen* Aspekte der Arbeit. Abbildung 6.3 fasst die wesentlichen Aspekte in einer Checkliste zusammen.

**Checkliste: Aspekte der inhaltlichen Abschlusskorrektur**

- ✓ Sind alle Qualitätskriterien einer wissenschaftlichen Arbeit erfüllt?
- ✓ Sind die Überleitungen zwischen Kapiteln und Texteinheiten schlüssig?
- ✓ Geht der Eigenanteil klar aus der Arbeit hervor?
- ✓ Ist der Aufbau der Arbeit logisch und stringent?
- ✓ Sind Fragestellung, Zielsetzung und Resultat der Arbeit klar und präzise formuliert?
- ✓ Ist das Untersuchungsproblem klar und sachlich beschrieben?
- ✓ Sind die Schlussfolgerungen logisch?
- ✓ Sind die verwendeten Quellen von guter Qualität?
- ✓ Geht der „rote Faden" klar hervor?
- ✓ Gibt es eine Verbindung zwischen Einleitung und Schluss?
- ✓ Wird das Thema erfasst und sich darauf konzentriert?
- ✓ Ist die Forschungsmethode korrekt gewählt und ausgeführt?
- ✓ Sind die Argumentationen folgerichtig, nachvollziehbar, vollständig, objektiv und sachlich?
- ✓ Sind die Ergebnisse präzise formuliert und beantworten Sie die Forschungsfrage?
- ✓ Sind die Eigenüberlegungen nachvollziehbar?
- ✓ Sind die Ergebnisse frei von Emotionalität bzw. objektiv dargelegt?
- ✓ Wurden gegenteilige Meinungen berücksichtigt?

**Abb. 6.3:** Checkliste zur inhaltlichen Abschlusskorrektur einer wissenschaftlichen Arbeit (vgl. May, 2010, S. 86 f.; Wytrzens et al., 2012, S. 130 ff.)

> **!** Lassen Sie Ihre Arbeit von Freunden, Bekannten oder Kommilitonen auf Verständlichkeit, Rechtschreibung und grammatikalische Fehler überprüfen. Die Inanspruchnahme solcher Hilfsangebote bei der Endkorrektur ist zulässig und von unzulässigen Unterstützungen zu unterscheiden.
> Kontrollieren Sie die Ausdrucke vor der Abgabe auf Vollständigkeit.

Bei der Abschlusskontrolle Ihrer Arbeit müssen Sie Ihren Text noch mal von vorne bis hinten durcharbeiten. Prüfen Sie ihn dabei insbesondere auf die folgenden Aspekte und nehmen Sie sich stets die Aufgabenstellung zur Hand:

**Checkliste: Abschlusskontrolle der wissenschaftlichen Arbeit**

- ✓ Prüfen Sie das Deckblatt auf alle wichtigen Informationen.
- ✓ Kontrollieren Sie, ob alle Elemente der Arbeit vorhanden sind (Inhaltsverzeichnis, Literaturverzeichnis etc.)
- ✓ Haben Sie alle Aufgaben beantwortet?
- ✓ Prüfen Sie den Lesefluss.
- ✓ Ist die Argumentation logisch und in sich schlüssig (stringent) aufgebaut?
- ✓ Kontrollieren Sie, ob alle Aussagen verständlich, nachvollziehbar und sachlich sind.
- ✓ Sind alle Literaturverweise korrekt belegt? Liegen keine Zitationsfehler vor?
- ✓ Kontrollieren Sie Ihre Literaturangaben bzw. Quellen auf Zitierwürdigkeit.
- ✓ Ist das Literaturverzeichnis korrekt und einheitlich dargestellt?
- ✓ Entspricht die Formatierung Ihrer Arbeit den Vorgaben?
- ✓ Kontrollieren Sie die Rechtschreibung!

**Abb. 6.4:** Checkliste zur Abschlusskontrolle der wissenschaftlichen Arbeit

### Hinweise zur Verteidigung

Je nach Studienrichtung wird eine mündliche Vorstellung Ihrer Abschlussarbeit gefordert, die Verteidigung. Das bedeutet, dass Sie die Ergebnisse Ihrer Thesis im Rahmen eines Kolloquiums den Gutachtern mittels Präsentation vorstellen werden. Dabei ist der vorgegebene Zeitrahmen unbedingt einzuhalten. Zur Vorbereitung auf das Kolloquium ist es hilfreich, den Vortrag vorab zu proben und die dafür benötigte Zeit zu stoppen.

Bei der Präsentation geht es insbesondere darum, die Eigenständigkeit Ihrer Bearbeitung zu belegen und zu zeigen, dass die Inhalte der Arbeit gut durchdacht sind und die angewandte Methodik verstanden wurde. Es können aber auch Zweifel der Gutachter an Ihrer Arbeit aufkommen, sodass Sie die erstellte Arbeit gegenüber den Gutachtern zu „verteidigen" haben. Gerade in einem solchen Fall ist es wichtig, dass Sie Ruhe bewahren und beim Thema bleiben. Vergessen Sie niemals, dass Sie sich sehr lange mit den Inhalten beschäftigt haben und „Experte" Ihres Themas sind. Im Anschluss an Ihre Präsentation werden die Ergebnisse mit den Gutachtern diskutiert. Die Note der Verteidigung fließt in die Gesamtnote ein.

## Zusammenfassung

In diesem Kapitel wurde Ihnen die Bedeutung der Qualitätssicherung Ihrer Arbeit verdeutlicht. Bevor Sie Ihre Arbeit einreichen, ist immer eine umfangreiche Abschlusskontrolle durchzuführen.

Anschließend an Ihre Thesis findet ggf. Ihre Verteidigung statt. Im Rahmen einer Präsentation stellen Sie den Gutachtern Ihrer Arbeit die Ergebnisse vor und „verteidigen" sie.

### Aufgabe zur Selbstüberprüfung

**HINWEIS**

Die Aufgaben zur Selbstüberprüfung können Sie auch interaktiv online bearbeiten. Folgen Sie dazu diesem Link: http://www.aon.media/7b5cr3 oder scannen den QR-Code.

**AUFGABE 6.1:**

Was ist der Zweck der Verteidigung einer Thesis?

# Schlussbetrachtung

Mit diesem Methodenbuch haben wir Sie mit den Grundlagen des wissenschaftlichen Arbeitens vertraut gemacht. Sie haben nun ein Gefühl für die Prozesshaftigkeit von Wissenschaft, einen Überblick über die Qualitätskriterien für wissenschaftliche Arbeiten, welche objektiv, originär, nachvollziehbar, verständlich, überprüfbar, relevant und bei welchen Ihre Argumentationen logisch einwandfrei sein müssen. Ihnen ist es nun möglich, diese Ansprüche in Ihre systematische Literaturrecherche einfließen zu lassen sowie die infrage kommenden Primär- und Sekundärquellen bzgl. ihrer Eignung für das entsprechende Forschungsinteresse einzuschätzen. Ihnen sind verschiedene Techniken zum besseren Textverständnis und zur Texterarbeitung bekannt.

Der vertiefende zweite Teil hat Ihnen Strategien und Techniken zur Anfertigung wissenschaftlicher Hausarbeiten, Abschlussarbeiten und Exposés an die Hand gegeben. Wir hoffen, Ihnen somit den Einstieg in Ihre Hausarbeit oder Thesis zu erleichtern.

Um alle verwendeten Quellen korrekt und vor allem präzise belegen zu können, haben Sie sich mit den Grundlagen des wissenschaftlichen Zitierens vertraut gemacht. Sie können direkte und indirekte Zitate unterscheiden und wissen, dass zwei grundlegende Zitierstile unterschieden werden (Kurzbeleg im Text oder in Form von Fußnoten). Dabei ist Ihnen die Wichtigkeit der einheitlichen und konsequenten Verwendung eines Zitierstils bewusst geworden. Ihnen wurde vermittelt, welche Vorgehensweisen verboten sind, damit Ihnen kein unbeabsichtigtes Plagiat unterläuft. Ein Plagiat kennzeichnet sich dadurch aus, dass Ideen und Gedanken anderer ohne Kennzeichnung übernommen werden.

Sie haben sich mit den Anforderungen, die an einen wissenschaftlichen Schreibstil gestellt werden, auseinandergesetzt und wissen, dass der wissenschaftliche Schreibstil durch systematisches, sachliches, präzises und nachvollziehbares Vorgehen gekennzeichnet sein sollte.

Der Erfolg Ihrer wissenschaftlichen Arbeit steht im Zusammenhang mit Ihrem Interesse am Thema, weshalb die Entscheidung für das passende Thema von großer Bedeutung ist. Außerdem sollte der Bezug zu Ihrem Studiengang ebenso eine

Rolle spielen wie die Verfügbarkeit von Fachliteratur. Zur sinnvollen Bearbeitung des Themas ist eine Eingrenzung unerlässlich. Eine ganz zentrale Rolle nimmt die wissenschaftliche Fragestellung ein, die es in der Arbeit zu untersuchen gilt. Nur die Beantwortung einer Forschungsfrage liefert einen Erkenntnisgewinn und hilft Ihnen, Ziel und Zweck der Arbeit klar und präzise zu definieren.

Wichtig ist weiterhin die Wahl der Methode. Bei einer empirischen Untersuchung werden Daten erhoben, analysiert und interpretiert. Bei einer Literaturarbeit wird ausschließlich auf vorhandene Literatur und auf Studien zurückgegriffen. Auf dieser Basis wird die Forschungsfrage beantwortet. Unabhängig davon, ob Sie sich für eine empirische Untersuchung oder eine Literaturarbeit entscheiden, der Erkenntnisgewinn basiert auf einer systematischen und begründeten Forschungsmethode.

Um dem Leser einen guten ersten Eindruck Ihrer wissenschaftlichen Arbeit zu vermitteln und Interesse und Neugierde zu wecken, ist eine logische Strukturierung Ihrer Arbeit erforderlich. Sie zeigt ihm die Ordnung und den Aufbau der Arbeit an. Wenn die Gliederung in sich schlüssig ist, dann lässt sich der „rote Faden" der Arbeit erkennen.

Die konzeptionelle Ausarbeitung Ihrer wissenschaftlichen Arbeit erfolgt in Form eines Exposés. Dabei ist das Exposé als Übungsprojekt anzusehen, das Ihnen im Laufe der Arbeit immer wieder als Orientierungshilfe dienen wird. Durch die Anfertigung eines Exposés durchdenken und strukturieren Sie Ihre wissenschaftliche Arbeit bereits in einem sehr frühen Stadium und können dadurch frühzeitig Unklarheiten beseitigen. Ein gründlicher und intensiver Prozess der Exposéerstellung ist sehr wichtig, denn nur durch eine gute Vorbereitung lassen sich Irrwege bei der Erstellung der eigentlichen wissenschaftlichen Arbeit, bei der Sie unter Zeitdruck stehen werden, vermeiden.

Am Ende der Anfertigung Ihrer Arbeit sind alle Inhalte noch einmal zu prüfen. Neben einer sorgfältigen Durchsicht gehört auch die Kontrolle der Quellenangaben, der Formatierungen und der Vollständigkeit aller Bestandteile der Arbeit zur umfassenden Abschlusskorrektur.

Für Ihre weitere Laufbahn, sei es im Aufbaustudium, in Forschung oder Praxis, ist es wichtig, dass Sie stets eine kritische und hinterfragende Haltung annehmen. Treffen Sie keine leichtfertigen und nicht belegten Aussagen, stellen Sie kritische Fragen und versuchen Sie Sachverhalte immer aus unterschiedlichen Perspektiven zu betrachten. Nutzen Sie Ihr Studium und erweitern Sie Ihr Wissen und Ihren Horizont.

# Anhang

## Bearbeitungshinweise zu den Übungen

### Übung 1.1

a) Meiner Meinung nach ... (nicht objektiv, da abhängig vom Autor)
b) Wie das Beispiel zeigt ... (logische Schlussfolgerung/auf Grundlage von Belegen)
c) Daraus ergibt sich ... (logische Schlussfolgerung/auf Grundlage von Belegen)
d) Ich finde, dass ... (nicht objektiv, da abhängig vom Autor)

### Übung 1.2

Es kommt zu einem Erkenntnisgewinn durch Nutzung von Wissen und Erfahrungen unterschiedlicher Lebens- und Wissensbereiche: Nutzung der Daten eines Internetspiels zur Modellierung von Reisebewegungen.

### Übung 1.3

- Was sind die Ziele der Prävention? Was lässt sich unter dem Begriff Medien fassen?
  → Der Fragestellung ist keine wissenschaftliche Eigenständigkeit zu entnehmen.
- Was ist unter Adipositas zu verstehen? Wie kann Kommunikation definiert werden?
  → Der Fragestellung ist keine wissenschaftliche Eigenständigkeit zu entnehmen. Die Fragestellung ist bereits mehrfach beantwortet.
- Wie verbreitet ist die koronare Herzkrankheit in Deutschland?
  Welche Kommunikationsmedien werden in Deutschland bevorzugt?
  → Die Frage lässt sich nicht im Rahmen einer Literaturarbeit beantworten, ohne dass auf bereits publizierte Ergebnisse zurückgegriffen werden muss.

### Übung 1.4

„Wissenschaft ist die Suche nach Wahrheit." (AFT, 2012, S. 2)
Die Suche und Weitergabe von Erkenntnissen sind damit zentrale Kennzeichen wissenschaftlicher Arbeiten. Auf dieses Wissen kann weltweit zugegriffen werden und darauf aufbauend können weitere Erkenntnisse generiert, Methoden/Produkte, Verfahren, Lösungsansätze u. ä. entwickelt werden. Aber auch durch wissenschaftliches Fehlverhalten wie Täuschungen, Fälschungen u. ä. werden das Ansehen und die Glaubwürdigkeit der Wissenschaft beeinträchtigt und die Qualität der Wissenschaft negativ beeinflusst.

### Übung 1.5

In den vergangenen 15 Jahren hat sich, gemäß der Gesundheitsausgabenrechnung (GAR) des Statistischen Bundesamtes, das bundesweite Volumen für Gesundheitsausgaben fast verdoppelt: von über 195 Milliarden Euro im Jahr 1996 auf über 356 Milliarden Euro im Jahr 2016 (vgl. GENESIS-Online Datenbank, 2018).

### Übung 2.1

Folgende Suchbegriffe wären geeignet: Grippe, Impfung, Grippeschutzimpfung, Grippeimpfstoffe, Influenzaimpfung

### Übung 2.5

Rufen Sie zur Bearbeitung den KVK unter folgender Adresse auf: http://www.aon.media/1ehwhm

a) Die vollständige Angabe muss lauten: Branahl, U. (2013). *Medienrecht: eine Einführung*. Wiesbaden: Springer VS.

b)

| Titel: | Digitale Gesundheitskommunikation: Zwischen Meinungsbildung und Manipulation |
|---|---|
| Herausgeber: | **Scherenberg, Viviane; Pundt, Johanne** |
| Ort/Verlag/ Jahr: | Bremen: APOLLON University Press, 2018 |
| ISBN: | ISBN 978-3-943001-30-3 |

c) Die vollständige Angabe könnte lauten:

Kersten, J. (Hrsg.) (2016). *Inwastement - Abfall in Umwelt und Gesellschaft.* 1. Auflage, Reihe Kulturen der Gesellschaft, Band 16, Bielefeld: transcript.

**Übung 2.6**

Open-Access-Literatur verfolgt u. a. das Ziel, wissenschaftliche Literatur und Materialien über das Internet kostenfrei allen Nutzerinnen und Nutzern zur Verfügung zu stellen.

**Übung 2.7**

Die Meta-Datenbank PubMed finden Sie unter http://www.aon.media/2e0077 (28.09.2017).

**Übung 2.8**

a) Untersuchung gesundheitswissenschaftlicher und/oder -ökonomischer Inhalte in verschiedenen Zeitungen bzw. Zeitschriften
b) Das Untersuchungsfeld liegt im Bereich modernster Technologien; aktuelle Studienergebnisse (z. B. DEGS, GEDA), die zunächst in der Tageszeitung und (durch langwierige Begutachtungsverfahren) erst zeitlich verzögert in wissenschaftlichen Verlagen veröffentlicht werden.

**Übung 2.9**

Sie finden die Datenbank unter: http://www.aon.media/feftuv

**Übung 2.12**

Textmarkierungen sind vor allem beim studierenden Lesen gut anzuwenden.

**Übung 2.13**

In einer Mindmap könnten die Begriffe wie folgt zusammengefasst sein (Mehrfachzuordnungen sind in diesem Beispiel möglich):

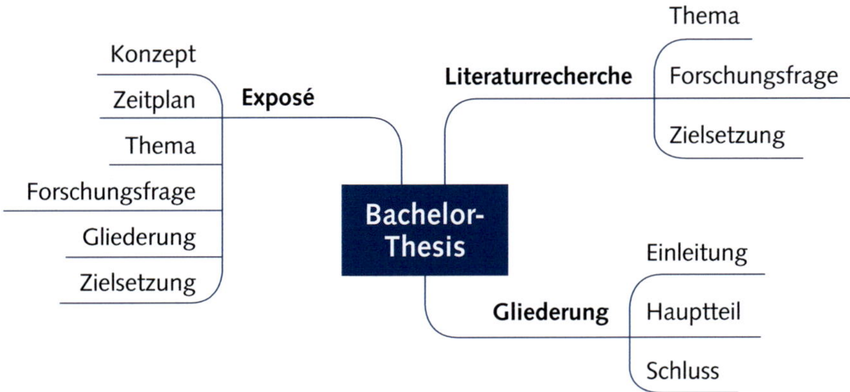


### Übung 2.14

Eine mögliche Darstellung könnte folgende sein:

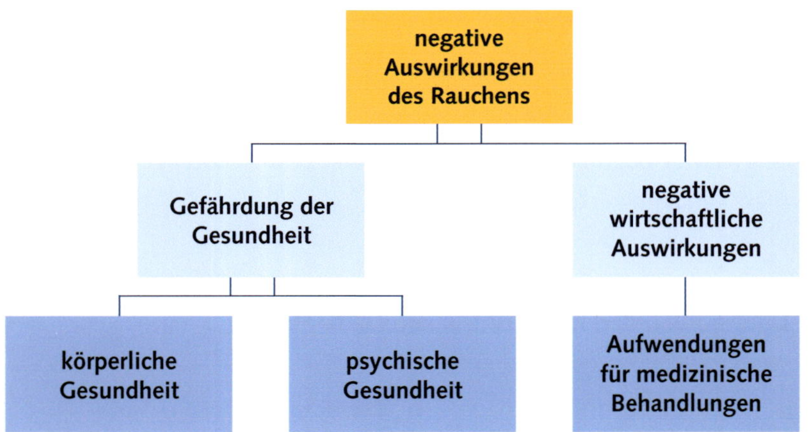


### Übung 3.1

1. Schlecht, denn es handelt sich dabei um keine besonders wichtige und prägnante Aussage. Des Weiteren bezieht sich die Aussage auf eine „vorliegende" Publikation, die die Ergebnisse des GEDA präsentiert.
2. Dieses direkte Zitat könnte verwendet werden, um die Erhebung GEDA zu beschreiben. Besser wäre es allerdings, die Beschreibung in eigenen Worten zu formulieren.

3. Die Aussage könnte als direktes Zitat verwendet werden, wenn es im Kontext passend ist. Allerdings gilt auch hier: Besser ist es, die Aussage in eigenen Worten zu formulieren.
4. Die Aussage könnte als direktes Zitat verwendet werden, wenn es im Kontext passend ist. Allerdings gilt auch hier: Besser ist es, die Aussage in eigenen Worten zu formulieren.
5. Schlecht, da sich die Aussage speziell auf die vorliegende Publikation bezieht.
6. Die Aussage könnte als direktes Zitat verwendet werden, wenn es im Kontext passend ist. Allerdings gilt auch hier: Besser ist es, die Aussage in eigenen Worten zu formulieren.
7. Die Aussage könnte als direktes Zitat verwendet werden, wenn es im Kontext passend ist. Allerdings gilt auch hier: Besser ist es, die Aussage in eigenen Worten zu formulieren.

### Übung 3.2

a) direktes Zitat; Zitierstil ist korrekt ausgeführt

b) Hierbei ist davon auszugehen, dass es sich um ein indirektes Zitat handelt, da die Aussage nicht in Anführungszeichen gesetzt ist und mit Nennung der Quelle eingeleitet wird. Allerdings gilt es i. d. R., dass Quellenangaben eines indirekten Zitats mit „vgl." eingeleitet werden.

c) direktes Zitat; der Zitierstil ist aber nicht korrekt ausgeführt. Die Quellenangabe wird durch „vgl." eingeleitet und weist somit fälschlicherweise auf ein indirektes Zitat hin.

d) Hierbei ist davon auszugehen, dass es sich um ein indirektes Zitat handelt, da die Aussage nicht in Anführungszeichen gesetzt ist. Allerdings gilt es i. d. R., dass Quellenangaben eines indirekten Zitats mit „vgl." eingeleitet werden. Es wäre aber auch möglich, dass hier die Anführungszeichen, die das direkte Zitat kennzeichnen, vergessen wurden.

### Übung 3.3

Zunächst fällt auf, dass die alphabetische Sortierung fehlt.

Die markierten Bereiche zeigen an, welche Angaben fehlten, bzw. weisen auf Mängel hin:

- Abel, T. (2017). *Bewegung und Gesundheit bei Menschen mit Behinderung.* In: Banzer, W. (Hrsg.): Körperliche Aktivität und Gesundheit. Präventive und therapeutische Ansätze der Bewegungs- und Sportmedizin. Berlin, Heidelberg: Springer, S. 393–401. → *Es fehlte: Titel des Herausgeberwerks*
- Alfs, Christian (2014): *Sportkonsum in Deutschland.* Wiesbaden: Springer. →*Vornamen sind im vorherigen Literatureintrag dieses exemplarischen Verzeichnisses abgekürzt. Da immer einheitlich verfahren werden soll (Kriterium der Einheitlichkeit), müssten sie hier ebenfalls abgekürzt werden.*
- Baddeley, A. (2003). *Working memory: looking back and looking forward.* Nature reviews Neuroscience, 4 (10), S. 829–839. → *Es fehlte: Titelangabe*
- BAR – Bundesarbeitsgemeinschaft für Rehabilitation (2011). *Rahmenvereinbarung über den Rehabilitationssport und das Funktionstraining vom 1. Januar 2011.* https://www.bar-frankfurt.de/fileadmin/dateiliste/publikationen/empfehlungen/downloads/Rahmenvereinbarung_Rehasport_2011.pdf (19.09.2017). → *Es fehlte: vollständige Nennung der Organisation BAR*
- Decker, F.; Decker, A. (2015). *Gesundheit im Betrieb. Vitale Mitarbeiter – leistungsstarke Organisationen.* 2. Auflage, Wiesbaden: Gabler (Edition Rosenberger). → *Es fehlten: die abgekürzten Vornamen und der Titel*
- Duttler, G. (2014). *Zur Bedeutung der (Sport)Freude im Kontext gesundheitsförderlicher körperlicher Aktivität.* In: Becker, S. (Hrsg.): Aktiv und Gesund? Interdisziplinäre Perspektiven auf den Zusammenhang zwischen Sport und Gesundheit. Wiesbaden: Springer, S. 127–152. → *Es fehlte: das Veröffentlichungsjahr*
- Kuhl, J. (2010). *Lehrbuch der Persönlichkeitspsychologie. Motivation, Emotion und Selbststeuerung.* Göttingen u. a.: Hogrefe. → *Es fehlte: die Angabe des Verlags*

- Roßteutscher, S. (2013). Werte und Wertewandel. In: Mau, S.; Schöneck, N. (Hrsg.): Handwörterbuch zur Gesellschaft Deutschlands. 3., grundlegend überarb. Auflage, Wiesbaden: Springer, S. 936–948. → *Es fehlte: Angabe (Hrsg.) sowie Seitenangaben des Beitrags*
- Scherenberg, V. (2018). *Gesundheitsökonomische Evaluationen kompakt. Für Studium, Prüfung und Beruf.* 3. Auflage, Bremen: APOLLON University Press. → *Es fehlten: der abgekürzte Vorname und Erscheinungsort*
- Tiedemann, C. (2016)! *„Sport" – Vorschlag einer Definition.* http://www.sportwissenschaft.uni-hamburg.de/tiedemann/documents/DefinitionSport.pdf (22.09.2017). → *Es fehlte: Datumsangabe des letzten Zugriffs auf die Webseite; falsche Verwendung der Satzzeichen*
- WHO – World Health Organization (1986): Ottawa-Charta zur Gesundheitsförderung. http://www.euro.who.int/__data/assets/pdf_file/0006/129534/Ottawa_Charter_G.pdf (18.09.2017). → *Es fehlte: Link*

**Übung 3.4**

Psychische Erkrankungen sind mittlerweile verbreitet, da es enorm viele Menschen gibt, die bereits an einer psychischen Störung leiden. In Deutschland wachsen zwischen drei und vier Millionen Kinder und Jugendliche mit psychischen Erkrankungen auf (vgl. Müller, 1975, S. XY).
Erläuterungen zu den identifizierten Schachstellen:

- mittlerweile: *Was genau meint mittlerweile? Stellen Sie einen analytischen Umgang mit den Inhalten dar und konkretisieren Sie diese Aussage: seit wann?*
- enorm: *Geben Sie konkret an, wie viele Menschen an einer psychischen Störung leiden und belegen Sie die Aussage mit einer Quelle.*
- 1975: *Stellen Sie den aktuellen Stand der Forschung dar.*

Bei einer Essstörung wünschen sich Erkrankte schlanker zu sein. Kinder, die in Familien aufwachsen, in denen ein Elternteil psychisch krank ist, sind jedoch in heftiger Weise davon betroffen und daraus folgt natürlich, dass für sie das Risiko erhöht ist, selbst eine psychische Störung zu entwickeln. Zahlreiche Untersuchungen schätzen nun, dass diese Kinder etwa zwei- bis dreimal so oft psychisch erkranken wie andere Kinder. Mein Ziel ist es, in der Arbeit herauszufinden, warum das so ist.

Erläuterungen:

- Bei einer Essstörung wünschen sich Erkrankte schlanker zu sein: *Dieser Satz baut nicht auf die vorherige und nachfolgende Argumentationskette auf. Er steht also in keinem gedanklichen Zusammenhang zu den vorherigen Ausführungen und ist hier zu streichen.*
- jedoch: *unnötiges Füllwort*
- heftiger Weise: *Argumentieren Sie sachlich.*
- und: *Satzlänge, verschachtelte Sätze. Dieser Satz ist zu lang, es sollten zwei Sätze gebildet werden.*
- Daraus folgt natürlich: *Pseudo-Argument*
- nun: unnötiges Füllwort
- Mein Ziel: *verwendete Person; formulieren Sie neutral und schreiben Sie z. B.: „Ziel der Arbeit ist, …"*
- warum das so ist: *Argumentieren Sie logisch, nachvollziehbar und sachlich. Zum Beispiel: Ziel der Arbeit ist, den Einfluss des sozialen Status auf das Auftreten psychischer Störungen bei Kindern und Jugendlichen zu untersuchen.*
- Quellenangaben: *Quellenangaben fehlen in diesem Textausschnitt größtenteils.*

**Übung 4.1**

- Literaturrecherche: Zeitschriften, Forschungsberichte, Praxis-Magazine, Blogs, Studienhefte, ...
- Diplomarbeitsbörsen, Thesendatenbanken, …
- Internetrecherche

**Übung 4.2**

Für diese Aufgabe lässt sich keine einheitliche und vergleichbare Lösung angeben. Sie können die Aufgabe auch im Team bearbeiten und Ihre Fragestellungen gegenseitig kontrollieren. Einen beispielhaften Themenfächer zum Bereich Werbegestaltung finden Sie im Internet unter http://www.aon.media/xiogr3 (02.05.2018).

### Übung 4.3

Es ist darauf zu achten, dass die Forschungsfrage offen formuliert ist und keine Vorannahmen impliziert. Auch sollte sie methodisch und im vorgegebenen Zeitfenster untersuchbar sein. Die Formulierung sollte prägnant und aussagekräftig sein.

### Übung 4.4

Bei einer Literaturarbeit greifen Sie ausschließlich auf wissenschaftliche Literatur und Studien zurück und beantworten auf dieser Basis Ihre Forschungsfrage. Grundlage Ihrer empirischen Arbeit ist eine Datenerhebung (Beobachtung, Befragung etc.).

### Übung 4.5

Zunächst ist es wichtig, dass dem Leser deutlich vermittelt wird, dass es sich bei der Forschungsmethode um eine (systematische) Literaturanalyse handelt. Darüber hinaus sollte das Vorgehen systematisch und nachvollziehbar sein.

### Übung 4.6

a) Qualitative Methoden sind geeignet, Zusammenhänge zu untersuchen.
c) Bei einer quantitativen Studie werden Aussagen über Häufigkeiten getroffen.
d) Quantitative Methoden erlauben es, Zusammenhänge zu untersuchen.

### Übung 4.7

2. Theoretischer Hintergrund
2.1 Grundlagen der Arbeitszufriedenheit
2.1.1 Definition der Arbeitszufriedenheit
2.1.2 Ursachen der Arbeitszufriedenheit
2.1.3 Dimensionen der Arbeitszufriedenheit
2.2 Betriebliche Gesundheitsförderung
2.2.1 Ziele der betrieblichen Gesundheitsförderung
2.2.2 Maßnahmen der betrieblichen Gesundheitsförderung
2.2.3 Einfluss der betrieblichen Gesundheitsförderung auf die Arbeitszufriedenheit der Mitarbeiter

Es sind auch andere Lösungen möglich. Folgende Punkte sind insbesondere zu beachten:

- Gleiche Gliederungsebenen sollten ihrer Bedeutung für das Thema entsprechen;
- die Untergliederung muss sich immer an Inhalt, Problemstellung und Zielsetzung der Arbeit orientieren;
- Teilkapitel sollten das übergeordnete Kapitel vollständig abdecken.

### Übung 4.8

Sie sollte den Untersuchungsgegenstand der Arbeit, die Forschungsfrage und Zielsetzung sowie Aktualität und Relevanz des Themas aufzeigen.

### Übung 5.1

Ein Exposé stellt ein Arbeitskonzept über die geplante Arbeit dar.

### Übung 5.2

- Recherchieren Sie im Internet, ob das gewünschte Forschungsinstitut extern unterstützte Abschlussarbeiten anbietet. Informationen finden Sie meist unter Jobs/Karriere/Qualifizierungsangebote.
- Nehmen Sie Kontakt mit Ihrem Thesenbetreuer auf und klären Sie, ob er mit einer extern unterstützten Abschlussarbeit einverstanden ist.
- Sprechen Sie mit Ihrem Thesenbetreuer das konkrete Thema, die Fragestellung und Zielsetzung ab.
- Wenden Sie sich mit dem konkreten Themenvorschlag an das entsprechende Institut.

# Lösungen der Aufgaben zur Selbstüberprüfung

### Aufgabe 1.1

Der Prozess des wissenschaftlichen Arbeitens beginnt mit der Themenfindung und endet mit der niedergeschriebenen wissenschaftlichen Arbeit. Zu dem Prozess gehört das wissenschaftliche Recherchieren ebenso wie das Lesen und Auswerten (ggf. Erhebung) der Informationen.

### Aufgabe 1.2

a) Nachvollziehbarkeit
d) logische Hinführung

### Aufgabe 1.3

Folgende Aspekte sind zu beachten, damit die Inhalte einer wissenschaftlichen Arbeit auch für andere erschließbar sind:

- exakte und wissenschaftliche Formulierung
- folgerichtige inhaltliche Strukturierung der Arbeit
- sorgfältige Beschreibung des Vorgehens
- Vollständigkeit der Bestandteile
- klare und einheitliche Definition der Begrifflichkeiten
- Dokumentation der Ergebnisse
- übersichtliches Layout

### Aufgabe 1.4

Was unterscheidet wissenschaftliches Wissen und Alltagswissen? Kreuzen Sie die falschen Aussagen zum Alltagswissen an:

- [ ] Alltagswissen wird durch persönliche Erfahrungen gebildet.
- [x] Alltagswissen wird in Fachjournals veröffentlicht.
- [ ] Alltagswissen ist subjektiv.
- [x] Alltagswissen trägt zur Lösung tiefgehender gesellschaftlicher Probleme bei.

## Aufgabe 2.1

- **Bibliothekskatalog:** Über den Bibliothekskatalog werden Sie – je nach den ausgewählten Suchbegriffen – eine ganze Reihe wissenschaftlicher Literaturquellen ausfindig machen können. Dieses Medium sollte auf jeden Fall in Ihrer Recherche Verwendung finden.
- Die **Befragung eines Verwandten oder Bekannten** wird Ihnen nur eine Hilfe sein, wenn die Person Erfahrung mit der Thematik aufweisen kann (z. B. durch eine Tätigkeit bei einer Krankenversicherung im Bereich der integrierten Versorgung o. ä.). Sie wird Ihnen dann gezielte Hinweise für Ihre Recherche geben können.
- **Wikipedia** ermöglicht Ihnen einen Einstieg ins Thema und Sie gewinnen über angegebene Literaturquellen und Weblinks erste Anhaltspunkte zur integrierten Versorgung.
- Über eine **Google-Suche** werden Sie eine Vielzahl an Treffern erzielen. So können Sie sich einen ersten Überblick über das Thema verschaffen. Wissenschaftliche Fachartikel werden Ihnen bei dieser Suche allerdings verborgen bleiben.

## Aufgabe 2.2

**Zitierfähigkeit:** Zitierfähig sind veröffentlichte *(öffentlich zugängliche)* Quellen. Nicht zitierfähig oder nur in Sonderfällen zitierfähig sind Quellen, die für Dritte nicht verfügbar sind *(wiederzubeschaffen)* und nachgeprüft werden können *(nachprüfbar)*: Von Dritten kaum zu beschaffende Quellen wie mündliche Auskünfte, nicht veröffentlichte Haus-, Studien-, Diplomarbeiten, Vorlesungsskripte und interne Unternehmenspapiere sind nicht oder nur in Sonderfällen zitierfähig. Bei Sonderfällen (ausnahmsweise Verwendung) sind diese Quellen so genau wie möglich zu belegen (in einer Anmerkung) und ggf. im Anhang zu dokumentieren.
**Zitierwürdigkeit:** Ist die Zitierfähigkeit einer Quelle gegeben, muss auch ihre Zitierwürdigkeit (bzgl. der wissenschaftlichen Qualität einer Quelle) geprüft werden. Nicht zitierwürdig oder nur in Sonderfällen zitierwürdig sind:

- Informationen und Definitionen, die allgemein bekannt und verbreitet sind (Angehörige einer Fachdisziplin können diese „blind aufsagen")
- Veröffentlichungen der sogenannten Trivialliteratur oder Belletristik
- wikipedia.de (die wissenschaftliche Korrektheit kann nicht vorausgesetzt werden)
- populärwissenschaftliche Literatur (abhängig von der Thematik einer wissenschaftlichen Arbeit; häufig ist eine populärwissenschaftliche Darstellung nicht Primärquelle)
- private Homepages (bei bekannten Unternehmen, Organisationen, Verlagen etc. kann angenommen werden, dass bereitgestellte Texte einer Qualitätskontrolle unterliegen; bei privaten Homepages steht keine Organisation für eine gewisse Qualität der Inhalte)

### Aufgabe 2.3

Bücher und/oder Zeitschriftenartikel lassen sich u. a. beziehen über: Fernleihe, Dokumentenlieferdienste, …

### Aufgabe 2.4

Aufmerksamkeit und Interesse an einem Text haben einen großen Einfluss auf den Leseerfolg. Durch die Steuerung der geistigen Tätigkeiten beim Lesen lässt sich der Leseprozess und somit der Leseerfolg beeinflussen.

### Aufgabe 2.5

Die effektivste Wissensaneignung erfolgt innerhalb der ersten 90 Minuten einer Lesesequenz. Dabei werden ca. zehn Minuten benötigt, um die volle Konzentrationsfähigkeit zu erreichen. Aus diesem Grund sollten möglichst zusammenhängende Zeitabschnitte eingeplant werden, um die volle Konzentrationsphase ausnutzen zu können.

### Aufgabe 2.6

Die drei Lesetechniken unterscheiden sich nach der Intensität des Lesens und danach, ob ein Text sequenziell oder selektiv gelesen wird. Darüber hinaus wird die

Wahl der Lesetechnik auch beeinflusst durch das vorhandene Vorwissen, das Leseinteresse und den Konzentrationsgrad.

### Aufgabe 2.7

Das zentrale Merkmal der PQ4R-Methode liegt im Stellen und Beantworten von Fragen zur Erhöhung des Textverständnisses. Durch eine schriftliche Fixierung wird zusätzlich die Behaltensquote erhöht.

### Aufgabe 2.8

Folgende Vorteile sind mit dem Erstellen von Notizen verbunden:

- Unterstützung der Gedächtnisleistung und Förderung der Konzentration
- Erleichterung von Lesewiederholungen
- schnelleres Erkennen des „roten Fadens"
- ...

### Aufgabe 2.9

Kriterien, nach denen die Erstellung von Randbemerkungen erfolgen kann, sind:

- inhaltliche Kriterien
- funktionale Kriterien
- persönliche Kommentare

### Aufgabe 2.10

Das Rekapitulieren des Gelesenen lässt sich in folgende drei Schritte unterteilen:

- Textrückblick
- Textreflexion
- Textverdichtung

### Aufgabe 2.11

Ziel der Textverdichtung ist, den Inhalt des gelesenen Textes auf die wesentlichen Hauptaussagen zu verdichten. Möglichkeiten zur Textverdichtung sind Exzerpte und grafische Darstellungsmöglichkeiten.

## Aufgabe 3.1

Bei einem direkten Zitat handelt es sich um die originalgetreue Wiedergabe von Textstellen oder auch um Hinweise auf bestimmte Textstellen.

Zum **Einsatz** von Zitaten gilt Folgendes zu beachten:

- Sollten so selten und gezielt wie möglich eingesetzt werden, z. B. wenn wichtige, grundlegende Gedanken so treffend dargestellt sind, dass jede Veränderung zu einer sprachlichen Verschlechterung und/oder sachlichen Unschärfe führen würde.
- Wenn der Leser, um die Einstellung des Autors verstehen zu können, den Originaltext kennen muss.
- Bei einer Kommentierung einer Textpassage aus einer Primärquelle sollte diese Passage als direktes Zitat vorangestellt werden.
- Wenn ein anderer Autor eine gegensätzliche Meinung vertritt, sollte dessen Position wörtlich zitiert werden.
- Definitionen, die für die wissenschaftliche Arbeit besonders wichtig sind, müssen wörtlich angegeben werden; dies gilt insbesondere bei umstrittenen Definitionen.
- …

Besonderheiten des korrekten direkten Zitierens:

- absolut buchstaben- und zeichengetreue Wiedergabe (mit Zeichensetzung, Rechtschreibung, Hervorhebung und auch Fehlern!)
- wörtliche (direkte) Zitate werden zwischen Anführungszeichen gesetzt
- Quellenangabe beginnt direkt mit dem Nachnamen des zitierten Autors, ohne vgl.
- Quellenangabe erfolgt mit Angabe der Seitenzahl
- Veränderungen sind in eckigen Klammern zu verdeutlichen
- …

Bei einem indirekten Zitat handelt es sich um ein sinngemäßes Zitat; nicht wörtliche Übernahme von oder Anlehnungen an Gedanken/Ausführungen anderer Autoren (mit eigenen Worten werden die Gedanken eines Autors beschrieben). Besonderheiten des korrekten indirekten Zitierens:

- Quellenangabe sollte mit „vgl." beginnen
- zitierter Text wird nicht in Anführungszeichen gesetzt
- Zitatumfang (Anfang und Ende) muss eindeutig erkennbar sein.
- …

### Aufgabe 3.2

Folgende Kurzbelege sind korrekt:

- (vgl. Branahl, 2013, S. 2) – Übung 2.5 a
- (vgl. Lohmann, 2018, S. 12) – Übung 2.5 b mit Erweiterung um den Beitrag

### Aufgabe 3.3

Scherenberg, V.; Pundt, J. (Hrsg.) (2018). *Digitale Gesundheitskommunikation. Zwischen Meinungsbildung und Kommunikation.* Bremen: APOLLON University Press.

Lohmann, H. (2018). *Vorfahrt für Patienten – Vorwort.* In: Scherenberg, V.; Pundt, J. (Hrsg.): Digitale Gesundheitskommunikation. Zwischen Meinungsbildung und Kommunikation. Bremen: APOLLON University Press, S. 11–14.

### Aufgabe 3.4

Die Übernahme fremden geistigen Eigentums ohne Angabe der entsprechenden Quelle stellt ein Plagiat dar. Durch eine eindeutige Kennzeichnung der Gedanken und Ideen Fremder ist ein Plagiat zu vermeiden.

### Aufgabe 3.5

In einer wissenschaftlichen Arbeit sollte die Argumentation logisch und folgerichtig entwickelt sowie sachlich begründet sein.

### Aufgabe 3.6

Die Kapitelüberschriften sollten knapp und prägnant formuliert werden. Sie müssen aussagekräftig (eindeutig, genau, treffend, vollständig und schnell verständlich) sein. Jede Überschrift sollte für sich gelesen verständlich sein.

### Aufgabe 4.1

Korrekt sind folgende Punkte:

b) Das Thema sollte originell sein und Möglichkeiten der Eigenleistung bieten.
c) Das Thema sollte Ihren persönlichen Interessen entsprechen.

### Aufgabe 4.2

Die Durchführung einer empirischen Untersuchung bietet sich an, wenn:

- bisher keine empirischen Untersuchungen zu Ihrer Problemstellung vorliegen,
- die Forschungsfrage und die von ihr berührten Kriterien einen empirischen Zugang erlauben,
- es wahrscheinlich ist, dass Ihre Untersuchung tatkräftig unterstützt wird und Sie eine gute Rücklaufquote erzielen,
- Sie über Vorwissen durch Vorstudien in Ihrem Untersuchungsgebiet verfügen,
- ausreichend Zeit zur Durchführung der empirischen Untersuchung zur Verfügung steht,
- Sie Zugang zu Material und Technik haben, die für die Untersuchung notwendig sind,
- Sie mit den statistischen Methoden vertraut sind, die Sie zur Auswertung der Erhebung benötigen,
- Sie durch eine empirische Untersuchung mehr Informationen gewinnen können als eine bloße Bestätigung ohnehin anzunehmender Zusammenhänge.

### Aufgabe 4.3

a) Hierbei handelt es sich um eine geschlossene Frage, d. h. die Antwortkategorie ist vorgegeben. Besser ist z. B.: Wie hat sich die Arbeitszufriedenheit im Pflegeheim zur Rose seit 2010 verändert?
b) gut
c) Hierbei handelt es sich um eine geschlossene Frage, d. h. die Antwortkategorie ist vorgegeben. Besser ist z. B.: Wie kann die Arbeitszufriedenheit im Pflegeheim zur Rose durch Maßnahmen der betrieblichen Gesundheitsförderung verbessert werden?

**Aufgabe 4.4**

In einer (systematischen) Literaturanalyse wird der Erkenntnisgewinn anhand existierender wissenschaftlicher Literatur gewonnen; in einer empirischen Untersuchung auf Grundlage einer Datenerhebung (Beobachtung, Befragung etc.).

**Aufgabe 4.5**

Bei quantitativen Forschungsmethoden werden Informationen und Sachverhalte in Zahlen gemessen und statistisch ausgewertet. Qualitative Methoden werden verbalisiert betrachtet.

**Aufgabe 4.6**

Die Gliederung verknüpft die unterschiedlichen Aspekte einer Arbeit miteinander und stellt den roten Faden der Arbeit dar.

**Aufgabe 4.7**

Korrekt sind die Antworten:

b) Überschriften sollten keine Formeln oder Abkürzungen enthalten.
c) Überschriften sollten in substantivierter Form ohne Verben formuliert werden.

**Aufgabe 4.8**

Die Einleitung soll das Interesse des Lesers an der Arbeit wecken. Sie führt in das Thema ein und bringt es in einen Zusammenhang. Sie arbeiten Ihre Fragestellung deutlich heraus und verdeutlichen, wie Sie vorgehen werden, also unter welchem Fokus Sie ein bestimmtes Phänomen erörtern, welches Ziel Sie damit verfolgen und mittels welcher Methodik dies erfolgen soll.

**Aufgabe 4.9**

Der Schlussteil zeigt die wichtigsten Ergebnisse der Arbeit auf. Dabei wird die Forschungsfrage/Zielsetzung der Arbeit noch mal aufgegriffen und kurz beantwortet.

**Aufgabe 5.1**

- Auswahl des Themas
- Auswahl des Betreuers aus einer Liste möglicher Thesenbetreuer mit ihren Schwerpunkten

- Kontaktaufnahme mit potenziellem Betreuer mit Themenvorschlag, Fragestellung, Methodik (empirische Arbeit vs. Literaturarbeit) und Zeitplanung
- Erarbeitung des Exposés
- Anmeldung der Thesis (nach der Freigabe durch den Betreuer) durch Antragstellung

### Aufgabe 5.2

- Deckblatt
- Einleitung, Zielsetzung und Fragestellung
- theoretischer Hintergrund
- methodisches Vorgehen
- Zeitplanung
- vorläufiges Inhaltsverzeichnis
- Literaturverzeichnis

### Aufgabe 5.3

Ihr Betreuer wird Ihr wichtigster Ansprechpartner sein und Ihnen unterstützend zur Seite stehen. Aber er ist auch Ihr Gutachter und bewertet Ihre Arbeit.

### Aufgabe 6.1

Die Ergebnisse der Thesis werden den Gutachtern vorgestellt und mit ihnen diskutiert. Dabei soll die Eigenständigkeit der Bearbeitung belegt und gezeigt werden, dass die Inhalte der Arbeit verstanden wurden und gut durchdacht sind.

# Abkürzungsverzeichnis

| | |
|---|---|
| EZB | Elektronische Zeitschriftenbibliothek |
| KVK | Karlsruher Virtueller Katalog |
| OPAC | Online Public Access Catalog |
| VLB | Verzeichnis lieferbarer Bücher |
| ZDB | Zeitschriftendatenbank |

# Literaturtypen

**Bücher:** Zu differenzieren ist zwischen Monografien und Sammelwerken bzw. Herausgeberwerken:

- Eine Monografie ist ein Buch, das von einem Autor (oder mehreren Autoren) verfasst und publiziert wurde. Dabei wird ein einzelnes Thema umfassend bearbeitet. Wenn mehrere Autoren an einer Monografie beteiligt sind, dann muss der gesamte Text gemeinschaftlich geschrieben sein.
- Bei einem Sammelwerk (auch Herausgeberwerk genannt) handelt es sich um eine Publikation mehrerer Autoren, die jeweils einzelne Beiträge bzw. Kapitel des Buches verfasst haben. Die Beiträge beziehen sich auf das Hauptthema des Sammelwerks und werden von einem oder mehreren Herausgebern veröffentlicht.

**Sonstige Bücher:**

- *Lehrbücher* bieten Ihnen einen breiten Überblick über den Themenbereich, über den Sie sich informieren wollen bzw. zu dem Sie recherchieren. Sie erleichtern Ihnen den Einstieg in das Thema. Inhalte und Konzepte werden dargestellt, aber nur selten diskutiert. Eine spezielle Form des Lehrbuchs stellen Studienhefte in der Fernlehre dar, wie sie auch an der APOLLON Hochschule eingesetzt werden. Sie sind vergleichbar mit einem umfassenden Vorlesungsskript. Da sie über den Buchhandel nicht verfügbar sind und nur den Studierenden der jeweiligen Hochschule zur Verfügung stehen, können sie auch der sogenannten grauen Literatur (vgl. Kap. 2.1.4) zugeordnet werden.
- wissenschaftliche *Handwörterbücher, Fachlexika* und *Enzyklopädien* der jeweiligen Fachdisziplinen bieten Ihnen einen ersten Überblick über das Thema. Einschlägige Begriffe werden definiert und Sie erhalten zumeist einige weiterführende Literaturhinweise.
- *Dissertationen, Habilitationsschriften* sind Schriften, die auf ein spezifisches Forschungsgebiet ausgerichtet sind. Dadurch, dass sie Problemstellungen in einer entsprechenden Tiefe betrachten, stellen sie eine wertvolle Quelle wissenschaftlicher Arbeiten dar.

**Fachzeitschriftenartikel** (engl. journal) sind eine der bedeutendsten Literaturquellen wissenschaftlicher Arbeiten. Forschungsergebnisse werden in Fachzeitschriften relativ zeitnah veröffentlicht. Die Beiträge werden durch Begutachtungsverfahren bereits einer Qualitätsprüfung unterzogen.

**Jahrbücher, Forschungsberichte** (engl. proceedings) werden von Hochschulen, Ämtern und anerkannten Forschungsinstituten verfasst und herausgegeben, z. B. das Statistische Jahrbuch (verfasst und herausgegeben vom Statistischen Bundesamt) oder die Gesundheitsberichte und Themenhefte der Gesundheitsberichterstattung des Bundes (herausgegeben vom Robert Koch-Institut und evtl. weiteren Herausgebern). Diese Berichte werden im Eigenverlag veröffentlicht und sind nicht über den Buchhandel zu beziehen.

Forschungsberichte anderer Quellen, z. B. von Marktforschungsunternehmen, Unternehmensberatern oder Pharmaunternehmen sind zunächst anhand verschiedener Kriterien auf ihre Nutzbarkeit in einer wissenschaftlichen Arbeit zu bewerten. Dabei sind neben den allgemeinen Qualitätskriterien wissenschaftlicher Forschungsarbeiten insbesondere die Unabhängigkeit der Ergebnisse bzw. mögliche Interessenskonflikte zu berücksichtigen (vgl. Kap. 4.3).

**Diskussions- und Arbeitspapiere** (engl. working paper) informieren über (meist) vorläufige Ergebnisse („work in progress"), die zu Diskussionen unter Wissenschaftlern einladen sollen. Arbeitsergebnisse können so sehr zeitnah zur Verfügung gestellt werden; aber dadurch, dass sie keiner Prüfung durch Begutachtungsverfahren unterzogen sind, ist ihre Qualität nicht immer gesichert.

**Fachstatistiken** wie z. B. das Informationssystem der Gesundheitsberichterstattung des Bundes, der GENESIS-Online Datenbank oder der Regionaldatenbank des Statistischen Bundesamtes, der World Health Organization (WHO) oder Eurostat liefern Ihnen wichtige Statistiken für Ihre wissenschaftlichen Arbeiten.

**Internetquellen** sind Quellen, die ausschließlich im Internet veröffentlicht sind. Bücher, Zeitschriftenbeiträge oder Forschungsberichte, die zusätzlich in gedruckter Fassung publiziert sind, stellen keine Internetquellen dar.

# Glossar

**Boolesche Operatoren** Boolesche Operatoren verknüpfen Suchbegriffe und steuern die Literaturrecherche:
- AND bzw. UND für Schnittmengen
- OR bzw. ODER für Vereinigungsmengen
- NOT bzw. NICHT für Differenzmengen

**Elaborieren** Bei einer aktiven Auseinandersetzung mit einem Text wird diesem etwas hinzugefügt, das nicht explizit im Text steht. Er wird angereichert.

**Exzerpt** „Kurze Zusammenstellung der wichtigsten Gedanken eines bestehenden Textes, d. h. dort werden Argumente, Gedankengänge und Literaturhinweise aus dem gelesenen Text gesammelt und um eigene Ideen und Querverweise ergänzt." (Voss, 2017, S. 183)

**Phrasensuche** Bei der Literaturrecherche werden zusammengesetzte Wörter in der Suchabfrage in Anführungszeichen gesetzt, damit die Suchmaschinen die exakt gleiche Phrase suchen.

**Plagiat** Bei einem Plagiat werden Texte oder Gedanken eines anderen ohne Kennzeichnung der zugrunde liegenden Quellen als eigene Gedanken und Ergebnisse dargestellt. Damit wird ein Diebstahl geistigen Eigentums begangen und gegen das geltende Urheberrecht verstoßen.

**Primärliteratur** Bei der Primärliteraturquelle handelt sich um die ursprüngliche Quelle und somit um das Originalwerk.

**Sekundärliteratur** Sekundärquellen beschäftigen sich mit Primärquellen. Sie haben das Originalwerk zum Untersuchungsgegenstand und zitieren es.

**Thesaurus** „Es handelt sich um ein kontrolliertes Vokabular als systematisch geordneter Sammlung von Begriffen, die in thematischer Beziehung zueinander stehen. Für ein Schlagwort werden dann Synonyme, Oberbegriffe, Unterbegriffe oder verwandte Wörter angezeigt." (Voss, 2017, S. 185)

**Trunkierung** Möglichkeit des Abkürzens von Suchbegriffen bei der Literaturrecherche.

**Zitierfähigkeit** Die Zitierfähigkeit bezieht sich auf die allgemeine Zugänglichkeit von Quellen; es muss immer die Nachvollziehbarkeit einer Quelle gewährleistet sein.

**Zitierwürdigkeit** Als zitierwürdig ist eine Quelle anzusehen, wenn die Informationen zu dem Thema, das Sie gerade bearbeiten, inhaltlich passen, die Erkenntnisse dem aktuellen Stand der Forschung entsprechen und die Quelle die wissenschaftlichen Qualitätskriterien erfüllt.

**Wildcards** Durch sogenannte Wildcards (spezielle Zeichen) lassen sich Suchbegriffe bei der Literaturrecherche abkürzen.

# Literaturverzeichnis


AFT - Allgemeiner Fakultätentag, die Fakultätentage und der deutsche Hochschulverband (2012). *Gute wissenschaftliche Praxis für das Verfassen wissenschaftlicher Qualifikationsarbeiten, Gemeinsames Positionspapier.* http://www.hochschulverband.de/cms1/uploads/media/Gute_wiss._Praxis_Fakultaetentage_01.pdf (25.04.2018).

Balzert, H.; Schröder, M.; Schäfer, C. (2011). *Wissenschaftliches Arbeiten: Ethik, Inhalt & Form wiss. Arbeiten, Handwerkszeug, Quellen, Projektmanagement, Präsentation.* 2. Auflage, Dortmund: W3L-Verlag.

Boeglin, M. (2007). *Wissenschaftlich arbeiten Schritt für Schritt: Gelassen und effektiv studieren.* 1. Auflage, München: W. Fink/UTB.

Brun, G.; Hadorn, G. H. (2014). *Textanalyse in den Wissenschaften. Inhalte und Argumente analysieren und verstehen.* 2., überarb. Auflage, Zürich: vdf.

Deutsche Forschungsgemeinschaft (2013). *Vorschläge zur Sicherung guter wissenschaftlicher Praxis, Empfehlungen der Kommission „Selbstkontrolle in der Wissenschaft".* http://www.dfg.de/download/pdf/dfg_im_profil/reden_stellungnahmen/download/empfehlung_wiss_praxis_1310.pdf (25.04.2018). Weinheim.

Deutsche Nationalbibliothek (o. J.). *Katalog der deutschen Nationalbibliothek – Hilfe.* https://portal.dnb.de/opac.htm?method=showHelp#trunkierung (14.08.2013).

Ebster, C.; Stalzer, L. (2017). *Wissenschaftliches Arbeiten für Wirtschafts- und Sozialwissenschaftler.* 5., überarb. und erw. Auflage, Wien: Facultas.

Esselborn-Krumbiegel, H. (2008). *Von der Idee zum Text: Eine Anleitung zum wissenschaftlichen Schreiben.* 3. Auflage. Paderborn: Schöningh.

Esselborn-Krumbiegel, H. (2017a). *Von der Idee zum Text: Eine Anleitung zum wissenschaftlichen Schreiben.* 5., aktual. Auflage, Paderborn: Schöningh.

Esselborn-Krumbiegel, H. (2017b). *Richtig wissenschaftlich schreiben.* 5., aktual. Auflage, Paderborn: Schöningh.

GENESIS-Online Datenbank (2018). *Gesundheitsausgabenrechnung.* https://www-genesis.destatis.de/genesis/online/data;jsessionid=457188C7233123E37F1AA4DFE3A74966.tomcat_GO_2_1?operation=begriffsRecherche&suchanweisung_language=de&suchanweisung=Gesundheitsausgabenrechnung (02.05.2018).

Karmasin, M.; Ribing, R. (2011). *Die Gestaltung wissenschaftlicher Arbeiten.* 6. Auflage, Wien: Facultas.

Kollman, T.; Kuckertz, A.; Stöckmann, C. (2016). *Das 1 x 1 des Wissenschaftlichen Arbeitens: Von der Idee bis zur Abgabe.* 2. Auflage, Wiesbaden: Springer Gabler.

Kornmeier, M. (2016). *Wissenschaftlich schreiben leicht gemacht: für Bachelor, Master und Dissertation.* 7., aktual. und ergänz. Auflage. Bern: Haupt.

Krämer, W. (2009). *Wie schreibe ich eine Seminar- oder Examensarbeit?* 3., überarb., aktual. Auflage, Frankfurt/New York: Campus.

May, Y. (2010). *Kompaktwissen für Schülerinnen und Schüler: Wissenschaftliches Arbeiten. Eine Anleitung zu Techniken und Schriftform.* Stuttgart: Reclam.

Meinel, C. (2013). *„Selbstplagiat“ und gute wissenschaftliche Praxis.* http://www.uni-regensburg.de/universitaet/ombudspersonen/medien/selbstplagiat-memo.pdf (25.04.2018).

Mette, A.; Reuss A. M.; Feig, M.; Kappelmayer, L. et al. (2011). *Untererfassung von Masern: Eine Evaluation basierend auf Daten aus Nordrhein-Westfalen.* Deutsches Ärzteblatt, 108 (12), S. 191–196.

Odenwald, M. (2006). *Seuchenforschung: Viren reisen wie Dollarnoten.* http://www.focus.de/gesundheit/gesundleben/vorsorge/news/seuchenforschung_aid_104099.html (25.04.2018).

Sandberg, B (2013). *Wissenschaftlich Arbeiten von Abbildung bis Zitat: Lehr- und Übungsbuch für Bachelor, Master und Promotion.* 2. Auflage. München: Oldenbourg.

Stickel-Wolf, C.; Wolf, J. (2011). *Wissenschaftliches Arbeiten und Lerntechniken. Erfolgreich studieren – gewusst wie!* 6., aktual., erw. Auflage, Wiesbaden: Gabler.

Simkin, M.; Roychowdhury, V. (2006). *An introduction to the theory of citing.* https://arxiv.org/ftp/math/papers/0701/0701086.pdf (25.04.2018).

Voss, R. (2017). *Wissenschaftliches Arbeiten … leicht verständlich! 5.,* überarb., korr. Auflage, Konstanz: UVK.

Weber, D. (2017). *Die erfolgreiche Abschlussarbeit für Dummies.* 3. Auflage, Weinheim: WILEY-VCH.

Wytrzens, H. K.; Schauppenlehner-Kloyber, E.; Sieghardt, M.; Gratzer, G. (2012). *Wissenschaftliches Arbeiten: Eine Einführung.* 3., aktual. Auflage, Wien: facultas.wuv.

# Abbildungsverzeichnis

# Tabellenverzeichnis

# Sachwortverzeichnis

## Z

## Über die Autorinnen

Marleen Dettmann (geb. 1977) studierte Demografie an der Universität Rostock und war währenddessen als studentische Mitarbeiterin am Max-Planck-Institut für demografische Forschung in Rostock tätig. Nach Abschluss des Studiums arbeitete sie als wissenschaftliche Mitarbeiterin am Rostocker Zentrum zur Erforschung des demografischen Wandels sowie mehrere Jahre in der Abteilung für Infektionsepidemiologie am Robert Koch-Institut. Seit 2011 ist sie freiberuflich aktiv mit statistischen Datenanalysen und Beratungstätigkeiten mit dem Schwerpunkt „Demografischer Wandel".

Ronja Bense (geb. 1995) studierte Kommunikations- und Medienwissenschaften sowie Germanistik an der Universität Bremen. Während des Studiums besuchte sie verschiedene Schreibseminare und vertiefte ihre Textaffinität auch gegenüber Sachtexten. Seit Februar 2017 arbeitet sie als studentische Mitarbeiterin an der APOLLON Hochschule in der Studienentwicklung sowie im Hochschulverlag.

Unter Mitarbeit von:
Leoni Schilling (geb. 1987) absolvierte nach dem Bachelor-Studium der Psychologie den Master-Studiengang Wirtschaftspsychologie an der Universität Bremen. Während ihres Studiums arbeitete sie als Trainerin für das JobFit-Training – ein Präventionsprogramm zur Vorbereitung auf den Ausbildungs- und Berufsstart von Jugendlichen – und engagierte sich in einem Projekt zur Gesundheitsförderung von Frauen in Haft. Seit 2014 ist sie als wissenschaftliche Mitarbeiterin im Dekanat Prävention und Gesundheitsförderung an der APOLLON Hochschule tätig.